JN204023

夢でもいいから亡くなった人に会いたい

宝玖
Hokyu

たま出版

はじめに

誰もが経験する、避けることのできない大切な人との別れ。そこからはじまる果てしない苦しみ。

「もう一度会いたい。声が聞きたい。触れたい」

この世では叶えることのできない切なる思いを抱えて、心の叫びで胸が張り裂ける日々をおくり、夢であってほしいと願いながら浅い眠りから目覚めると、いまだ絶望の海でおぼれている現実を突きつけられる。

生きながら身を焼かれるような苦痛に、

「ああ！　いっそ誰か、私を殺してほしい！」

とまで叫んでしまう。

喪失の哀しみは癒されることなく、この世の無常は永遠に苦しみをもたらし続けます。

私は高野山真言宗の僧徒として、また、霊視鑑定家として、これまで九千人におよぶ人たちの相談を受けてきました。

絶望を抱えて相談にお見えになる方々は、霊視鑑定の現場で、口々に「なぜわかるのですか?」と驚きの声をあげられます。

そうした相談者の方々と一緒に、私自身が故人の存在を確かに感じ、鑑定室を後にする相談者の背に「一筋の希望の光」を見いだしたとき、私のなかに安堵が広がり、ほっとした気持ちになります。

そうして、「今日からはしっかり生きていってください。幸せになってもいいんだよ」と、心のなかでつぶやきながら相談者をお見送りします。

こうした数々の鑑定経験から、「涙と感動と、ときに笑いの霊視現場」で、故人や神仏から教わったあの世の話、相談者のさまざまな人生模様、本当にあったスピリチュアルな話、そういったものを、ありのままにお伝えしようと思って筆をとりました。

たとえ故人の姿が見えなくても、声が聞こえなくても、「あの世とこの世には隔たりがなく、同じラインで繋がっていて、死はけっして終わりではない」ということを、どうかわかっていただきたい。そして、亡くなってしまった人たちにもいつか必ず会えるという希望をもって、天から授かった命と使命をまっとうしていただきたい。

そんな願いを込めて、本書をあなたにお届けします。

夢でもいいから亡くなった人に会いたい　目次

第三章　大切な家族へ　52

第四章 先立ってしまった子供たち——87

第一章　天上と地上を結ぶ通訳士

夢でもいいから亡くなった人に会いたい

霊視鑑定の現場で多くの相談者がおっしゃるのは、

「（故人が）夢にすら出てきてくれない」

という言葉です。

それはなぜでしょう。

それは、生きている人の切望、亡くなった方に対しての思慕や後悔の思いが強すぎることが関係しているようです。

たとえば、故人亡きあと、残された方々が、時間が止まったような充実のない日々を過ごし、過去にしか意識がないというパターンのとき。これは、亡くなった人への思いが執着心となって、亡くなった人をかえって苦しめてしまうため、故人が会いに来ることができないのです。

また、故人を偲び「会いたい、会いたい」と思い詰めるパターンのとき。残された人の嘆きと悲しみの思念が強ければ強いほど、故人がその苦しい心の叫びを聞いてはいるのに、「手を差し伸べて助けられない」、触れているのに、「生きている人には感じてもらえない」、言葉をかけているのに、「耳には届かない」ということが生じてきます。それは、故人にとってもたいへんつらいことで、申しわけなく思う気持ちが強くなってしまって、夢枕にも立てないでいることがあるのです。

生きている人の願いである「故人の言葉を聞きたい、姿を見たい、そして今の苦しみから解放されたい、楽になりたい、救われたい」という気持ちは、深く追及していくと、苦しみを一人で抱えきれない、生きている人のエゴでしかありません。ところが、悲しみの大波に溺れているときには、そのことに気づくことができません。気づく余裕がないのです。

私は、亡くなった人の立場や思いを観るので、現世という苦しみの世界から至福の世界であるあの世に行って、安らかにしていたいと願う故人の立場に寄り添うことになります。

ですから、「安らかに眠っている子を起こすような降霊」は、かえって故人を苦しめるので、一切おこないません。

しかし、故人がこの世に気になることがあって未練を残したときなどは、伝えたい、わかってもらいたいという思念が残りつづけ、至福の世界への成仏が遅くなる場合もありますから、その手助けをするために現世との橋渡しをおこなっているわけです。


自分の心を楽にするために故人を求めたり、故人に頼ったりするのは、あまりよくないことです。私の霊視経験からのアドバイスは、夢で故人と会いたいと思うなら、いま生きている日々を大切にし、生きがいを探したり、意識の矛先をできるだけ外に向けて、前向きに頑張っている元気な姿を見せてあげることです。

そうすると故人は「自分が死んだせいで苦しめている」という自責の念から解放

されて、迷いがなくなり、夢に出てきたり、側に寄り添ったりして、暖かなオーラを発してくれます。

故人の持つオーラを感じるアンテナは、私たちが元気でいなければ感度が冴えません。お互いのアンテナがクリアになれば、夢にも出てこられるようになりますし、側にいることも感じられるようになるでしょう。

そうなると、霊感がなくても、故人があなたに語りかけていることが感覚でわかってきます。素直に相手のことを思えば、私たちが大切に思う人や、大切に思ってくれている人とは、相手が故人であっても意思疎通ができるのです。

しかし、思い込みにとらわれたり、あなたの内側に迷いがあると、直感のアンテナは曇ってしまいます。人間関係と同じで、こちらの気構えが相手になんとなく伝わってしまい、相手とのあいだに見えない溝ができて、心の交流もできなくなります。

自分を縛っている後悔の念を伝えて救われたいだけであったり、なにがなんでも会いたいという思いにとらわれていたり、生きがいを見いだせずに時間が止まっていたり、過去を追い求めて後ろ向きのまま、過去への執着と思い出ばかりの生活をしていると、たとえ霊能者の言葉に救われたとしても、その救いは一時的なものにしかならないでしょう。

故人に会いたいという苦しみから解放されないまま、いつまでたっても、故人との正しい交流ができずに、お互いに苦しみを与え合う悪循環におちいってしまいます。

亡くなった人は、すべての煩悩を捨て、仏の慈悲の悟りを開き、生きている人を見守りたいのです。悟りの修行へのさまたげとなる「この世への未練」という煩悩を、故人に持たせて苦しめてはいけません。

いまを一生懸命に生き、生きがいを持ち、日々充実している姿を故人に見せてあげてください。そして、よかったことを思いだし、悪いことや後悔の念は胸にしまって、明るい思い出や、元気にがんばっていることを語りかけましょう。

そうすれば、あなた自身にも気づきがもたらされ、故人が守ってくれているという暖かい気持ちを確かに感じられるようになります。繋がっている絆とともに生きていく勇気が出てくることでしょう。

「幸せになるために、がんばって生きている人に勇気をあたえること」

「悟りという無の境地に至り、生きている人を大慈悲で見守ること」

これが、仏となられた故人のあの世でやるべきお仕事です。

だから私たちは、魂の故郷で故人と再び出会って一緒に過ごせるように、「天寿をまっとうするときが来るまで、幸せになるために今をがんばるから、向こうで待っていて」と言葉をかけてあげてください。そして、故人との真の交流がかなう心へと、一日もはやく向かってほしいと思います。

この世では叶わぬ願い

長年の占い・霊視鑑定の仕事で、いまでも忘れられない鑑定があります。

このときの経験がいまの降霊鑑定の原点になっていて、天界から降ろされた「天上界と地上界を結ぶ通訳士の使命」へと私を突き動かしました。

以下は、その経緯です。

その日、占いにいらっしゃったのは、美容師さんと、そのお客様のヨガの先生、さらにその生徒さんの三名でした。

相談をはじめる前に、相談者にかかわる霊が先にやって来ることがあるのですが、この日も、相談者の亡くなられた母親がすでに来られていました。おそらく、いちばん若い二十代の女性の母親ではないかと感じました。

「誰から先に見てもらう?」と三人が相談をはじめたので、私は二十代の女性に、「あなた、お母さんは?」と声をかけました。するとその女性は、「亡くなって……」と驚き、言葉につまってしまったのです。

「あなたのお母さんがすでにここに来ているので、あなたから鑑定します」と言うと、彼女は真っ青になって、ぽろぽろ泣き出しました。

彼女は七年間、悩みと深い心の傷を抱えて苦しんでいたのです。

というのも、彼女が十九歳のとき、車の運転をあやまって、電信柱と衝突する事故を起こし、助手席に乗っていた父親が亡くなってしまったのです。それからというもの、彼女は「自分が父親を殺した」という自責の念を抱えて生きてきたそうです。

当初、彼女は鑑定に来る予定はありませんでした。それが、たまたま美容室に居合わせて、占いの話を小耳にはさみ、「ついでに私も恋愛について見てもらおうかな」と、軽い気持ちで来られたのだといいます。しかし、この流れは偶然とは思えません。きっと、彼女の亡き母親の導きだと思います。

母親の霊に対して、キーパーソンともいうべき彼女の父親はなかなか出て来ませんでした。しかし、途中から私の左手が痺れだし、頭も痛くなりはじめたので、「あなたのお父さんは、生きているとき、お酒が好きで、そのせいで脳溢血になったのでは？」と質問をすると、「はい。手足の麻痺が少し残りました」と答えました。

「お父さんはそのころから、不自由な体で、生きる気力をなくしていて、自死願望があったそうです。偶然だけれど、事故が起こったのは死にたいと考えていたころだし、事故がなくても、二回目の脳溢血に耐えられず死んでいただろう、とおっしゃっています」

私はそう伝えたうえで、「ご両親は、仲が悪かったのでは？　……だから、お父さんは最初出て来なかったみたいね」と加えました。

仲の悪かったご両親は、霊になっても寄り添うことがなく、お父さんはお母さんのずっと後ろに立っていました。霊になっても、悟りに至るまでは、生きていたときの性格や相性が影響するようです。

相談者は晴れやかなお顔で帰られ、それから数年後、彼女の知人から「彼女は明るく元気にしている」と聞きました。

大切な人を亡くされた方の切ない思いを聞き、天上界と地上界を結ぶ使命を天界から授けられ、私自身も感動的な気持ちになれる仕事ができることは、とてもありがたく、得がたいことだと感じます。

これから先、世のなかは感性の世界がクローズアップされ、人々の意識レベルが今よりも高くなることでしょう。高次元の存在となった故人と波長をあわせることができる人も、どんどん増えてくると思います。希望をもって生きてください。

第二章　いとしいひとへ

亡くなった夫からのメッセージ

大腸癌が肝臓に転移して亡くなった知人男性のお話です。

知人と彼の奥さんは四十代での再婚同士でした。結婚五年目に癌を発症し、二年間の闘病生活を送ったのですが、病でネガティブになりがちな彼を奥さんは献身的に支えていらっしゃいました。

癌との闘いが悲しい形で終わり、亡くなって四十九日を向かえる数日前、私が従姉妹と一緒にいると、いきなり彼の意識が入ってきました。

「妻にすぐに会いに行かなきゃいけない！」と彼が言います。

さらに、闘病中の知人が病院のベッドの上で、紙に何か書いている場面が観えました。書き終えた紙を長方形のボックスのようなものに入れています。

「あいつは、何でもよく見もしないで、パッパッと捨てるから……！」と、かなり焦っている様子なので、すぐに奥さんの元を訪ねる準備をしましたが、彼のせっかちな性格もあり、なんだかせっつかれているようで、とても気忙しい気持ちになりました。

従姉妹の背後に、亡くなった知人がピッタリ寄り添い、ボーっと立っているのが観えました。四十九日までの魂や思念のエネルギーはとても濃いので、肉眼で見ているかのようにはっきりと観えます。ただし、その人を包んでいるオーラに色味がないというか、その表情に生気がないというか、死んだ人特有の姿をしています。生きていたころの明るい彼しか知らない私は、これが「死んだ人」なのかと愕然となりました。

彼の足元は、お気に入りのサンダルです。彼は、靴や靴下を履かずにいつもサンダル履きでした。地面から三〇センチほど浮いていて、両足がダランとつま先まで伸びきった状態なのに、不思議なことにサンダルが脱げていないのです。

奥さんに「ご主人が生前、病室で用意した何か大切なものを渡したいようだから、遺品を整理するときは気をつけてほしいそうです」とお伝えしました。

そのときは「いくら探しても見つからない」ということだったのですが、三回忌を迎えた日、かなり取り乱し、興奮した奥さんから連絡がありました。

「あった！　あった！　見つかった！」と、電話の向こうで大泣きしています。

私が観たボックスのようなものは、彼が愛用していた長方形のセカンドバッグでした。その外ポケットにメモが入っていたのでした。

「このバッグは二年前にもちゃんと見たのに、ポケットも開けて見たはずなのに、当時は見つからなかった。でも、なぜこれが今になって出てきたのかわかる。彼の死を受け入れて落ち着いたから……あのころにこれを見つけて読んでいたら、私は後を追っていた」

出てきた小さなメモには、死を覚悟した彼の、入院中に言えなかった妻への感謝の言葉が綴られていました。

「いつもありがとう。(癌治療が)辛くてあたり散らしても受け止めてくれて。あなたも辛かったはずなのに。また一緒になりたい」

「できることなら、もう一度あなたを抱きしめたいです」

奥さんは泣きながら「昔堅気の人で、闘病中は辛くて私にあたり散らしたけれど、もう駄目だとかの弱音を吐かない」「そんな彼が、入院中に一度だけ、痩せた両腕で私を抱きしめたことがあったの」と、話してくれました。

このメッセージは、死を覚悟した彼の感謝の気持ちと、不器用な彼の最大の愛情表現だったのだと思います。

明るく楽観的な自死

その日鑑定に来られた方のお顔は、とても暗いオーラに包まれていました。

「いったいどうしたの?!」

「旦那が……といっても、もう『元』旦那になるのだけれど……自死して……」

夫のことで長年悩んでいた相談者は、離婚を渋る夫に対し離婚を強行したのですが、別れた直後に夫が自死したため、夫のご両親から「あんたのせいや！」と激しく責められ、後悔の思いで苦しんでいました。

私は彼女に、私がご主人の言葉を聞いているのだと確信して頂くために、ご主人の情報を聞く前から、だしぬけに「ご主人は三十代になってもシンナー中毒でしたね」と、もっとも自死に関係の深い大切な事実を霊視し、「彼は長年のシンナー吸引のせいで脳に障害があらわれていて、判断力が欠けていたのではないか」とお伝えしました。

彼女は、生活能力のないご主人にかわって、過酷な肉体労働で家計を支えていました。ご主人は、自分が妻や子供を苦しめているということをわかっていたようです。

しかし、ご主人が自死した理由は、離婚による絶望からではありませんでした。

シンナーのせいでハイな気分になり、楽観的に自死を試みたということのようで、幻覚による事故でした。本意ではない自死だったのです。

彼は、素直な子供のような人で、霊体の彼が「精霊の森」を目指して入っていく様子が観えました。そして、これからはときどきその森から出てきて、妻や子供たちを守ってあげたい、役に立ってあげたいとおっしゃいました。

「ご主人が、『男には気をつけろ』とアドバイスしています」と伝えると、「それは、主人が生きているとき、男性の多い職場で働いていた私に何度も繰り返していた言葉です」と彼女は言いました。

さらに彼は、今も彼女に言い寄ってきている男性がいると言い、「その男を信じるな、警戒するように」と教えてくれました。霊体になっても、妻と子供たちを心配しているのですね。

私はたくさんの自死霊を見てきましたが、このときのようにハイテンションな例ははじめてでした。

「これでやっとまともになれる。誰かの役に立てる」と満足げに言う彼は、とても明るいオーラに包まれていました。単純でやさしくて気のいい人だったのに、長年のシンナーの吸引が人格と生活面に悪影響を与えたのだと思います。

相談者には、今回の鑑定をきっかけに、離婚の決断や人生の選択を後悔せず、前を向いて歩いていってほしいとお伝えしました。

錆《さ》びた指輪

前回の、「明るく前向きな自死霊」の鑑定後、恋に、仕事に、子育てにと忙しく日々過ごす彼女が、再び鑑定にいらっしゃる機会がありました。

そこに、彼女の亡くなった元夫が出てきて「お墓に来てほしい」としきりに言います。でも、彼女は「行かない」と、強く拒否していました。

「元夫は、私や子供たちから逃げ、責任を果たさず自死したから許せない」「元夫の身内とお墓で会うのも嫌だ」と、彼女は怒って言います。

でも、ほんとうは、激しい感情の奥に、元夫への切なく苦しい思いが隠れていました。

今を一生懸命に生きて、働いて、子供たちを育てるために、自分が弱くてはいけないと思いつめ、自分の弱さに負けないために「元夫を許さない」という怒りの感情を持って、自分の弱さと戦っていたのです。

彼女が、持っていき場のない感情を怒りにすり替えて生きる原動力とし、苦しみと孤独に負けそうになる自分を奮い立たせてがんばっているのだと思うと、切なくなりました。

彼女にとって元夫は、長い年月ずっと一緒にいた、大好きだった人で、亡くなってからも忘れられず、ずっと苦しかったのでしょう。その想いを知るほど切なく悲しくなります。

鑑定中に、彼女と元夫が出会い、青春を共に過ごしたであろう十六歳のころの様子が見えました。五〇ｃｃのバイクに二人乗りしているヤンチャな姿です。十代のころからずっと一緒で、やがて結婚して子供が生まれて……二人が紡いできた糸を突然切ったのは元夫でした。それからの彼女はいつもギリギリのところで生きていたのです。

ですが、「元夫が自分から逃げた」と言う彼女も、実は「現実から逃げている」のです。それを厳しく指摘すると、彼女はそれまでの強い口調からしんみりとした声のトーンに変わりました。

「三日前、不思議なことがあって……。洗濯機の排水溝のなかから突然……旦那が昔くれた指輪が出てきました。錆《さ》びていたけど……」

「ゴミ箱に投げ捨てたけど、うまく入らなくて、またどこかにいっちゃった……」

と、悲しげな声で話します。

「なんで今さら出てくるんだよ！」と、怒りながら指輪を投げ捨てたと話す彼女の心の叫びが痛いほど伝わってきました。

無理なこととはいえ、私は、「神さま、彼女に時間を戻してあげてください」と願わずにはいられませんでした。

鑑定を進めるうちに、いちばんの願いはお子さんのことだと気づいた彼女は、今後は仕事をがんばっていくと決め、自分のなかで進む道が見えてきたのか、安心した様子で帰られました。

この日、私の頭のなかに入ってきた言葉は、「人は死ぬ、いつか死ぬ、必ず死ぬ」でした。別れは突然だから、「ごめんね」「ありがとう」の言葉は、今このときに伝えなければいけないと強く教えられた鑑定でした。

知足のつくばい

次は、「死んだ彼のことを教えてほしい」という願いを持った相談者のケースです。相談者の願いにもかかわらず、ご本人は降りてこず、彼の叔父さん（故人）が出てきました。

叔父さんはとても怖い顔で、「今そっちの世界（私たちの住むこの世のこと）に呼び寄せられると、魂がさまよってしまうから呼ぶな！」と警告していました。

叔父さんが彼をしっかりガードしていたので、私は彼の魂と波長を合わせることができませんでした。

三途の河原での彼の様子はお伝えできましたが、彼からの言葉は聞けませんでした。四十九日より二十八日目、亡くなって七十七日になれば、彼を直接呼ぶことができるようになるだろうと伝え、あらためて鑑定することになりました。

これは、彼に関しては鑑定が七十七日必要だったということです。ただし、すべての故人に対して機械的に日数があてはまるということではありません。

今回の「七十七日」は、仏教における「十三信仰」と一致していました。人が亡くなると「中陰」という存在になり、初七日から三回忌にかけて、あの世で十三の修行が待ち受けています。七十七日目は、故人が生まれ変わるための条件が決定されるときで、迷いの多い「人の魂」から、悟りを開いて落ち着いた「仏の魂」となる時期です。

さて、二回目の鑑定です。二回目は彼からの言葉をスムーズにお伝えできました。霊視したのは、たくさんのコスモスのようなお花畑で、自転車に乗っている彼の姿でした。彼は「お花畑のある場所に、サイクリングに一緒に行こう。水筒も忘れずに」と伝えてきました。生前の彼は、実際に花が大好きで、自転車を買おうとしていて、水筒を欠かさず持っていたそうです。「僕は死んだ後も一緒にいるよ」と、さらに伝えてきます。

相談者は、彼の実体を求めて、以前のように戻りたいというような、ないものねだりの嘆きで、亡くなった彼を苦しめたりはしませんでした。

彼が残してくれた、目に見えないものを謙虚に受けとめ、今あるものを大切にしようという気持ちで、亡くなった彼が残してくれた愛情に感謝し、生きていく決意のようでした。

相談者の心を軽くしているのは「知足のつくばい」の教えです。これは、仏教経典に出てくる「吾《われ》、唯《ただ》、足《た》るを知る」のことです。

足るを知る人の心は穏やかだが、足るを知らない人の心はいつも乱れている。足るを知れば、様々な苦悩から解放され、欲望が抑えられるので、煩悩による迷いも消えて、心穏やかに清く澄み切った状態で過ごせる。

つまり、「今を不満に思わず、満足する心を持ちなさい」という教えです。

「彼の去り際……というのでしょうか。私を落ち着かせて安心させてくれる感じで、いろんなものを用意してから亡くなったから」

「彼自身、亡くなるなんて思っていなかったから、無意識だろうけれど……」

「私たちは不倫関係でしたから、一枚も写真がなくて……亡くなる直前に、はじめて二人の写真を撮って、変な形の自転車を気に入って私にも買うように言ったんです」

「そんなふうに、私にあれこれ残してくれた」

そうやって、彼が、亡くなった後も二人で共に歩む準備をして、たくさんの物を残し希望を与えてくれたので、今の心は穏やかで、後悔していないとおっしゃいます。

水筒を持って、お花畑にサイクリングに行くときは、彼は相談者の横で一緒に走ってくれるでしょう。きっと相談者は彼をその肌で感じ、最高の笑顔でサイクリングできるはずです。

彼女に幸多いことを祈っています。

死の真相

長年おつきあいしていた方を交通事故で亡くしてから、ずっと苦しんでいたという女性が鑑定にいらっしゃいました。

鑑定室で出て来られたのはスーツ姿の男性です。絵に書いてみると、相談者の知っている方とはイメージが違っています。スーツを着ている姿など、一度も見たことがないというのです。

霊視を進めてみて理由がわかりました。どうやらこのスーツは、葬儀に使われた遺影のようです。故人の写真の顔の部分を、決まった形の服のテンプレートにはめ込む合成写真です。男性の場合はスーツか羽織の姿で、女性は着物です。

元の写真が古い場合などは修正するので、できあがりがまるきり別人のような写真に仕上がることがあります。このとき出てきた彼のように、遺影が普段の彼とはまったく似つかない場合もあるのですね。


霊視を進めると、相談者が知りたがっていた彼の死の原因がわかりました。

「半分自死」だった、と……。相談者には心当たりがあったようです。

彼は「こっちの世界でも敦煌《とんこう》のような場所があるから、そこで経典をたくさん読む」といいます。


半分自死、とは、どういうことでしょうか？　実は、彼も相談者も、お互いに別の家庭を持っていました。

彼は、キャリアウーマンの妻と、子供を持たない夫婦二人だけの、都会的でハイセンスな生き方をしていました。でも、彼は本心では、普通の家庭がほしかったのです。子供がいる、アットホームな家庭が理想でした。

彼はしだいに自分の人生に迷いはじめ、生きている意味がわからなくなって、虚しい日々をすごすようになったのです。彼は、相談者に一度「子供を産んでほしい」と言ったことがあるのですが、相談者は彼の言葉を冗談ととらえてしまい、彼の思いを深く考えることはありませんでした。

相談者のことを愛していた彼は、自分の願いを強く言えなかったのです。相談者と家庭を築き子供をつくりたいと思っても、その真剣な思いを相談者に伝えることで、かえって相談者を苦境に立たせると知っていた彼は、ずっと苦しんでいました。相談者に対して愛情を持ちながらも、子供から母を奪えないと葛藤する、心の優しすぎる人でした。

彼は事故で亡くなったのですが、その事故は、避けようと思えば避けられたのだといいます。目の前をトラックが塞いだとき、彼はブレーキを踏まず、アクセルをほんの少しだけ、つま先をほんの少しだけ踏みこんでしまったのです。

「このまま……死んでもいいかな……」と、ほんの一瞬思ったことが、彼に死を招いたのです。

それを聞いた相談者は、「やっぱり……」と応じました。運転の上手だった彼が事故を起こしたのはなぜなのか、その答えを得た相談者は、彼の死をようやく納得することができたのです。

相談者は、「彼の存在を感じられたことは、生きる力となりました。彼のことはこれからもずっと大好きです」と口元に笑みを浮かべられました。これからは、彼との思い出を大切に胸にしまって生きていくそうです。

亡き彼からのプロポーズ

故人とご遺族の対面は、性格や状況によりさまざまなパターンがありますが、今までの霊視鑑定の経験からいうと、故人から残された人への思いは、「今をしっかり生きて前に進んでほしい。新しい方とのご縁を繋いで幸せになってほしい。ずっと見守っている」というものばかりです。

といっても、「十人十色」というように、故人の御霊にはそれぞれ個性がありますし、恋人や夫婦の数だけ、違うつきあい方や人生があるので、鑑定結果は人によってがらっと変わったものになります。

私はそれをよく知っていたはずなのですが、さすがに、これからお話する鑑定での故人の言葉には驚かされました。

なんと、「故人参加型」の未来を言葉にしたからです。亡くなったのに、今後も故人の人生が続くような言葉です。

では、「故人が参加」する未来とは、どういうことなのでしょうか。


長年おつきあいしていたけれど、結婚する前に彼が亡くなり、鑑定に来られたAさん。

亡くなった彼は、悲しむAさんに、「いい人がいたらおつきあいしてもいいよ」と伝えてきていたのですが、鑑定が進むにつれて、本音は違うことがわかってきました。

質問に答えてもらい、亡き彼とAさんとの会話を進めていくと、彼女の左肩上に出てきていた彼が突然降りてきて、彼女の左肩を両手で包み込むように寄り添い、とても静かな優しい声で「一緒になろうか?」とささやいたのです。

亡き彼がプロポーズしたのでした。

気丈にふるまっていたAさんの目にどっと涙があふれました。彼のプロポーズは、彼の人生が、亡くなる前と何ら変わりなく今後も続いていくような、希望に満ちたものでした。それを気負いもなくさらっと言うのです。私はただただ驚きました。

彼は思慮深く、思いやりにあふれ、女性の幸せを一番に考える人で、亡くなった後、「自分にはもう実体がないのだから、彼女を過去に引き留めてはいけない」という思いから、自分の思いを封じ、心にもないことを伝えていたのです

彼は、決してこの世への未練から未成仏となって彼女に取り憑こうとしているのではありませんでした。死後の彼の魂にエゴや執着の気持ちはなく、むしろ彼女の

幸せを願う仏心、悟りの気持ちがあるキレイな魂なのです。

鑑定の日に、私が立会人となってお二人はご夫婦となられました。

「今日から夫婦ですね」と伝えると、この様子をご覧になっていたご本尊の不動明王様から、突然、お言葉が降りてきました。

「今日より一年半はハネムーン。その後はあの世での修行が必要なので、夫婦として会えるのは一年に一度のお盆だけ。夫はマグロ漁船にでも乗って旅立っていると思うこと」

と、不動明王様はおっしゃいました。

残された方と故人の結婚による永遠のご縁という、はじめての霊視経験でした。

いつまでも亡き人を思い続け立ち止まっていてはいけない、などといいますが、人の幸せは一般論では言えません。幸せのあり方、感じ方にはさまざまな形があります。

Aさんからのお礼のメールには、鑑定の帰りに、彼と一緒に行こうと話していた展望台に登ったこと、幸せだということが書かれていました。一部をご紹介します。

「とにかく今は、彼のことを主人と呼べることが嬉しく、幸せな気持ちでいっぱいです。私が心を残せば彼が苦しむのではないか？　ということが一番気がかりでしたので、本当に嬉しかったです。

生前の彼は、いつも私の右隣に座っていました。亡くなったあと、どこに行っても私の右隣の席が必ず空くので、彼が右側にいるとは思っていましたが、私が成仏できなくさせているのだろうか、苦しませているのだろうかと、それだけが心苦しく気がかりでした。

私たちの関係や思いは、最初から大多数の人とは重ならないものであり、理解されにくい関係であったことはわかっていたので、肉体が亡くなった後も、大多数の意見に合うようなものではないだろうと思っていました。

それが、私のエゴなのか、彼の本当の思いなのかと、それが知りたくて、鑑定でお手伝いいただきました。本当にありがとうございます」

「幸せです」の言葉に、私も嬉しくなりました。

相談者は、亡くなった彼と共に今を生きていくのです。彼は、亡くなった後に相談者から「幸せ」という大きなプレゼントをもらったし、彼女は彼を幸せにしてあげたのです。「し・あ・わ・せ」なんて素敵な響きでしょう！

彼の死は未来に繋がる

恋人を亡くされ、遠く岩手よりお越しになられた女性のケースです。

亡くなった彼はすでに相談者の側に来ていました。相談者に伝えたいことがあるのでしょう。くわしい事情を聞かなくても、彼からの言葉が次々に降りてきます。でも、彼からの言葉を全部伝えるのはためらいました。かえって相談者を苦しめるかもしれなかったからです。

彼は「死にたくない」「彼女の側に戻りたい」という思いがとても強く、この世に未練があるようでした。このままでは成仏できず、あの世でのお務めを果たせません。光の世界からの伝言により、悟りを得て、あの世に昇ってもらわなければならないのです。

私は、天と地、あの世とこの世を結ぶ通訳士です。相談者と故人の両方の気持ちがわかるので、ときには双方の調整役になることもあります。

そのためにも、まずは亡くなった彼を成仏させなくてはいけません。彼に聞かせる大切な話がありました。彼が現世に生まれる前に魂に刻んだ記憶、彼が忘れている記憶の話です。彼は、いずれにせよ現世においては短命でした。来世に、現世で出会った人の子供として生まれ変わるというシナリオをあらかじめ用意していたからです。

来世といっても、現世に二度生まれるので、彼にとっては「再びの現世」というべきでしょうか。死んだらすぐに生まれ変わるという、魂の再生の最短コースを走るのです。彼が自ら刻んだ今世のシナリオを思い出すと、この世への未練が希望に変わりました。

相談者には、未来で夫となる人物の特徴をお伝えしました。すると、すでに身近にいらっしゃる、相談者を支えてくれている知人があてはまっていました。
彼が亡くなったことは、相談者にとっても彼にとっても不幸なことではなく、シナリオ通りのできごとでした。相談者の子供として生まれ変わるために、出会いがあったし、別れがあったのです。子供として生まれてくる彼は、相談者の死を看取ることになるでしょう。縁は途切れることなく続いていきます。

今回の相談者には複雑な事情があり、彼女は二重三重に苦しみを抱えていました。鑑定によって、その相談者の心の深いところに巣くう罪悪感を消し去ることができ、高次元からのメッセージを伝えることもできたので、これからも充実した人生をおくられることと思います。遠い地より鑑定に来てよかったとの言葉に、私も使命を果たせてほっとしました。

未来に向かって歩む

相談者が鑑定室の椅子に腰掛けると、すぐに男性が観えました。相談者は、癌でご主人を亡くされた方です。

「こんな感じで……メガネをかけていますね」と、絵で霊体の特徴をお伝えし、ご主人の性格をお伝えすると、姿も性格もたしかにその通りだとのこと。

このようにスイスイ観える（波長合わせしやすい）ときは、故人が鑑定を強く望んでいらっしゃるときです。

ご主人は開口一番「奥さんに伝えたかった！」とおっしゃって、矢継ぎ早に奥さんに言葉をかけてきました。ご主人は、私を介して自分の思いを奥さんに聞いてもらえるとわかり、とても嬉しそうです。

「死にたくなかった。愛している。言葉を交わしたかった」と……。

ご主人は、三途の河を渡らず、河のほとりで子供のようにオイオイ泣いていたのだとか。すると、対岸に亡きおばあちゃんがやって来て、お迎えの手招きをするどころか、「あっち（この世）に行っといで」とすすめてくれたのだそうです。だからこうして奥さんと会えていると。

「では、成仏できてないの？」と相談者は心配しますが、この場合は、お迎えにやって来た方が許可されているわけですし、仏様の慈悲の計らいで、ご主人は未練を残さないように、ちゃんと思いを遂げてから来るように、と取り計らわれていました。成仏できずにこの世をさまよっているのとはすこし事情が違います。

でも、いつまでもずっとこの世に居られるわけではありません。いずれは三途の河（異次元移動のスターゲート）を渡り、仏界に入って、仏としての「大慈悲の悟りを開く修行」が待っていますから、ご主人の場合、期限は死んだ日から六か月までと決まっていました。

この時の鑑定は、ご主人と、あの世への案内役の祖母と、相談者と、私と、仏界の阿弥陀如来様と、会議しているような感じでした。鑑定のなかでわかったのは、ご主人は早めに修行を終えて、長男の子供として生まれ変わる予定だということです。縁はこうして続いていくのですね。

お迎えに来た祖母は、三途の河原で子供のように泣いている孫のことが不憫でならなかったのでしょうね。最後に孫の願いを叶えてあげたいと思ったのに違いありません。

未練に代わって希望を見出す方向に進めば、故人もまた、未来に向かって歩めます。これが理想的な成仏の方法です。

この世に遺した君への詩

次は、大切な恋人を亡くされ、それが自分のせいだと、後悔や懺悔の深い苦しみを抱えていた相談者のケースです。

亡くなった彼は、自分の死が相談者のせいだとはこれっぽっちも思っていないのですが、遺された相談者にとっては、彼からの言葉がなければ、このまま心の苦しみや痛み、悲しみは癒えることはないかもしれないと思うほどでした。

亡くなった彼からのメッセージには、「白」が何度も出てきました。生きていたころの彼から「白」は思いあたらないと相談者は言っていましたが、彼からのもうひとつのメッセージ「千手観音」にその答えがありました。メッセージの一部、相談者に遺した「詩《うた》」を紹介します。

「白のキャンバスは真っ白な君の心。純粋だったと知っているよ。白のキャンバスは僕と君の未来。少し待っていてくれたらそこに一緒に描こう」

「白は僕の人生でやり残したつぐないの禊《みそぎ》の色。ちょっと出かけてくるよ。やり残したことをしなきゃね。これ、千手観音様からの宿題なんだ。がんばるよ。君もがんばれよ！」

京都の三十三間堂の千手観音のオーラは「白」です。ヒーリングのエネルギーです。彼は千手観音に助けてもらっていたのです。

そして、相談者の干支の守り本尊も千手観音でした。これもまた彼と繋がっているる証であり、彼からの呼び掛けであって、亡くなった彼からのアプローチでもあるのです。彼の姿を目で見ることのできない相談者への、彼からのメッセージです。見えないけれど、側に降りてきているのです。

千手観音は、彼と相談者とを繋いでいる「見えるもの」でした。

相談者は、それでもどうしても、「私が死なせてしまった。私さえいなければ死ぬことはなかったんだ」と思ってしまうと言いますが、亡くなった彼は、すでに、許す、許さないといった地球意識の次元にはいません。大宇宙意識の次元にいて、相談者のすべてを受け入れ、包み込んでいるのです。

少しでも心が軽くなり、前向きになれるよう祈っています。

ガーベラの君

交通事故でご主人を突然亡くされた相談者の鑑定です。

いつものように鑑定を進めると、花が見えました。オレンジや黄色の混ざった花です。こんな感じだと絵に描いて、「ガーベラみたいな……」とお伝えすると、相談者はひどく驚かれた様子でした。

相談者は以前から「花束が欲しい」と何度もご主人に伝えていたのに、これまで一度ももらったことがなかったそうです。でも、亡くなる直前、二人の記念日にご主人が「オレンジと黄色のガーベラの花束」をプレゼントしてくれたというのです。なぜ、彼は花束を突然プレゼントしてくれたのでしょうか?

霊視を進めると、深く愛しあっていた夫婦の姿が見え、だからこそ、突然の別れに苦しんでいることがありありとわかりました。幸せな日々が突然、前触れもなく崩れてしまい、「なぜ？　どうして私なの?!」と、心が叫んでいるのです。それが高じて相談者は、夫への不満を口にする周囲の女性に対しても「あなたたちは恵まれているのに、どうして気づかないの！」と憤りを感じていました。

こういった感情について、「これから幸せな方向に進むためにも、持ってはいけない感情だ」と、亡くなったご主人が伝えてきました。苦しみを抱える人は、誰よりも人の痛みが分かる人なのだから、「人の幸せを願う素敵な女性でいてほしい。俺の惚れ抜いた愛しい嫁さんへ」というメッセージでした。


誰もが、亡くなった人の姿が見たい！　話したい！　触れたい！　と願うものです。でも、実体に触れることはもう叶いません。

けれど、実体に近づく方法はあります。相談者に残した最後のプレゼント、ガーベラの花がそうです。亡くなったご主人は、相談者に「ガーベラの君（ガーベラの姫君の意）」と呼びかけて、「これまでも、これからも、永遠に、僕にとっての愛しの君だ」と伝えていました。魂になっても相談者をずっと愛すると――。そして、オレンジと黄色のガーベラ二輪を、いつも窓際に置いてほしい、ガーベラの花で、自分の存在を感じてほしいというメッセージだったのです。

小さな虫が飛んできてガーベラにとまったら、それはご主人からのサインだということも伝えてきました。とくにてんとう虫がとまったら確実です。てんとう虫は「天道虫」とも書き、天への道を教えてくれる虫、上にのぼる虫、太陽に向かう幸運の虫です。けっして転ばず、負けないで闘う、天から降りてきた虫なのです。

後日、私の開催するセミナーに、「ガーベラの君」が参加してくれました。会場に到着されたお顔を見ると、鑑定時と比べてとても明るくなって、生きる希望に満ちていて、まるで別人のようでした。

その理由を聞いて驚きました。

あれから、亡きご主人の仏前に、大切な思い出のオレンジと黄色のガーベラをかかさずお供えしていたそうですが、二歳になる姪っ子が、供えてある黄色のガーベラを指して、「これ、○○ちゃん」（相談者の名前）、次にオレンジのガーベラを指して、「これ、○○たん」（相談者の亡き夫の名前）と言ったのだそうです。

周囲にいた人たちは、「どうして？　他の花も一緒に添えられているのにガーベラだけ指すの？」と不思議がりました。しかも、黄色とオレンジの花を分けて指差していたのです。

さらに続けて姪っ子は、「てんとう虫」と言いました。これには、その場の全員が言葉をなくし、固まってしまったそうです。

このとき実は、亡きご主人が姪っ子と会話していたのです。二歳までの子供は霊感が強いため、ときおりこういうことが起きるのですね。姪っ子に対して、亡きご主人が「こう言ってみて」と伝えて、みんなを驚かせたのかもしれません。

相談者が素敵な女性として生きていくことを願うご主人ですが、相談者は美人でしたから、悪い虫が寄ってこないかと心配しているようです。可愛い仏様におなりですね。

第三章　大切な家族へ

天国のイケメンの神さま

お母さんを亡くされた方が鑑定にいらっしゃいました。

このときの降霊は、降りて来ている故人がとっても前向きで明るく、大らかなオーラを始終放たれていたので、最初から私のモチベーションも上がっていました。故人と波長合わせをし、同調している私のテンションまで高くなりすぎて、スポーツをしているような疲れさえ感じる鑑定でした。

亡くなったお母さんはまだ六十七歳で、心臓発作で突然亡くなったのですが、自分の死をも笑いとばしていました。「失敗しちゃったよぉ～！」「まさかこんなに早く死ぬなんてェ～！」と、笑いながら言うのです。

一方、その言葉を聞いているご相談者は、「大好きだった〜！　お母さんっ〜！」と泣いています。とても対照的な光景だったので、今も鮮明に覚えています。

お母さんは、天国の様子を教えてくれました。あちらの世界では、なんでも望みが叶うといいます。想念の世界なので、自分が思い描いたこと、思い浮かべたものが、瞬時に目の前にあらわれるそうです。なりたい自分になれる、どんなものにもなれる。

ただし、これには条件があって、この世への未練を一切断ち切っていて、自分の置かれた状況に対して前向きにとらえられる人でなくてはならないそうです。

お母さんは、生きていたころからポジティブな方だったので、突然亡くなったにもかかわらず、嘆いたり悲しんだり戸惑ったりといった、自分の死への疑問や否定的な気持ちをいっさい持たなかったようです。

好奇心が強かった方なのでしょうか、置かれた環境をすぐに受け入れ、その場にある楽しみを見つけていかれたようです。まるで韓流スターに熱を上げるマダムのように、ウロウロしている周囲のイケメンの神様に目がキラキラで、その様子がとても微笑ましく、無邪気で、可愛らしい方だなぁ〜と思いました。

小林麻央さんのことも教えてくれました。天国に昇って来たときからすでに別格の存在で、キラキラと光り輝いている美しい天女様だとおっしゃっていました。

これは別に、天国にも格差があるというのではありません。あの世では悟りに至る修行があって、魂の成長度合いによって魂の神格化が進むので、修行を下界ですでに実践している人は、天国に昇ったときにすでにレベルが上がっているということなのです。

相談者のメールを一部ご紹介します。

「母を亡くしてからどうにも前に進めず、まさに『もがいて』いました。みんなに必要とされていた母ですから、喪失感でいっぱいでした。

でも、元気にしていてくれて、何より楽しんでいてくれているとのことで、本当にホッとしましたし、母の教えてくれたことを絶対に無駄にしたくない！　と、また立ち上がることができました。

ひさしぶりに母と話しているような、懐かしくて、幸せな時間でした」

今世において、どんなふうに考え、どんなふうに生きたのか。今起こっている出来事や物事を、どんなふうにとらえるのか。そのことは、死後の世界に入ったときに影響を与えます。ですから、「今を、今やるべきことを、一生懸命になってがんばりなさいね」と、故人はいつも教えてくれています。

生まれてくる娘をこの腕に抱きたい

交通事故でご主人を亡くされたという方が相談にいらっしゃいました。

相談者は妊婦さんでしたが、出産予定日までもう二か月弱だというのに、妊娠していることがわからないほど小さなお腹でした。事故のショックで、食事もとれないほどの絶望の日々をすごしていることを、その小さなお腹が物語っていました。

相談者とご主人は、たいへんな苦労の末にやっと結ばれたご夫婦で、生まれてくる赤ちゃんは、ご主人が待ち望んでいた女の子でした。温かい家庭を築こうとマイホームも購入し、これからは絵に描いたような幸せが待っているはずでした。

相談者の苦しみははかり知れないほど大きいはずなのに、始終落ち着いて鑑定を受ける姿……その凛とした静寂な姿は、まるで悟りを開いた高僧のようでした。あまりにも静かで、出産のために機械的にただ生きているだけのように感じられました。

ご主人は「生まれてくる娘を抱きたかった」と無念の思いを訴えました。それを聞いた相談者は、その願いをできることなら叶えてあげたいとおっしゃいます。すると、ご主人が、お気に入りだった青いシャツ姿を見せてくれました。

その姿を相談者に伝えたところ、ご主人の願いを叶えるために、青いシャツを授乳ケープにリメイクし、それで娘を包んで授乳することを思いついたのです。

「卒乳後は、娘のワンピースにつくり替えます。これからは、主人の着ていたもので娘の服をつくっていく楽しみができました。主人もきっと喜んでくれることでしょう」と、わずかに相談者が微笑んでくれました。

相談者に生きる気力が戻った瞬間でした。

後悔のない親孝行

癌の余命告知を受けたお母さんの心の準備と、後悔のない親孝行ができた息子さんのお話です。

お母さんが余命半年と告知された相談者は、手首にホークスアイのブレスレットをしていました。パワーストーンショップの店頭でたまたま見つけて、なぜかとても気に入って、思わず購入したと言います。

じっさい、そのホークスアイのブレスレットからは、とても強い「気」が出ていて、「勇ましい若武者」が内在していると感じました。

でも、その「気」は今の彼にとって強すぎるので、私は彼に、「それは身につけずに、金色のお座布団に乗せて玄関に置き、魔よけにしてほしい」とお願いしました。金色のお座布団は、気位の高い若武者の「気」に敬意を表明するために必要だと感じましたし、若武者の血気盛んな「気」は、外から入ってくる悪い「気」に対して「やったるで！」と、強い波動で跳ね返してくれると思ったからです。

彼がなぜこれを欲しくなったのかについては、彼のお母さんが余命告知をされたことと深く関係しています。

相談者は一人息子で、両親から深い愛情を受け、とても優しい人に育ちましたが、一方で、それが弱さにもなってしまいました。そのため、母の余命を受け入れるのはたいへんな苦しみだったことでしょう。

それでも、母の死の宣告を現実としてしっかり受け止め、強くならなければいけない、という願望が無意識にあったので、強い男を内在していたホークスアイに惹かれたのだと思います。

ホークスアイの石は、置かれている状況を広い視野で見て、最善の決断をしたいときや、自分だけ取り残されてしまうような孤独感や寂しさ、恐怖心を取り払い、心を静かに落ち着かせたいときに効果があります。また、魔除けの効果もありますから、まさにそのときの彼の心境と一致していたのです。

でも、このときの鑑定では、相談者がいくら強い男になろうとしていても、彼は母の死後まで後悔の念を引きずってしまうだろうと感じました。彼が母の死の宣告を受け入れるには、もっと時間が必要だったのです。しかし、お母さんはもう食欲もなく、危ない状況でした。

鑑定中の彼の背後には母方の祖母が出て来ていて、安らかな死を迎えさせたい、その手伝いがしたい、というメッセージを伝えてきました。

そこで私は、相談者に、K市にある祖母のご仏壇へごあいさつに行ってほしいとお伝えしました。

すると背後の祖母は、「おしるこが好きだったから、それを持ってきてほしい」とも伝えてきました。「K市の城下町に入ってすぐの和菓子屋に売っているから、それを買ってきて」とのことです。

鑑定の後、彼が実際に行ってみると、そのとおりの店があって、祖母を祀《まつ》っている伯父も、おしるこのことをなぜ知っていたのかと驚いていたそうです。

これで相談者に、死後の世界が本当にあるとわかっていただけました。

食欲のないお母さんには、「アロマテラピーを取り入れる」というメッセージも降りてきました。「オレンジやマンダリンの香り」です。

その効能は「家族との親密さのなかで、心を癒し、守られている子供のような感覚を引き出す。周囲に助けてくれる人がいることに気づかせ、心を暖め、勇気づけてくれる」というものです。お母さんご自身はもちろん、周囲の皆さんにも効果があったようです。

その後、お母さんは食欲が出て余命が延《の》び、鑑定から一年後に亡くなられました。お母さんも、相談者である息子さんや周囲のご家族も、「安らかに落ち着いて死を迎えることができた」とおっしゃってくださいました。

相談者に必要だったのは「強さで克服する・力で制する」のではなく、魂の不思議を知って、「死後の世界があるから、肉体的に別れても、またあの世で会える、死は終わりではない」という希望を持ち、「今できることを一生懸命、思いのつきるまでしてあげること」だったのです。その心構えこそ、母亡き後に後悔しないための、祖母からの教えでした。

娘を待っていた母

亡き母に会いたいと願うその女性は、高齢のお母さんへの介護を十分にできなかったという後悔と懺悔の思いを強く抱いていた方でした。さらに、「お母さんは成仏していないのだろうか」という不安も抱えていました。

霊視をすると、相談者の予感は的中していて、成仏できてないようです。お母さんは娘に対して怒っていました。

お母さんは、娘さんが来るのをずっと待っていたようです。その様子は、まるで下校時に台風警報となり、連絡を受けた保護者が迎えに来るのを待っているような、待っているのに最後の一人になってしまって、不安や寂しさが入り混じり、膝を抱えた子供のようでした。

成仏できないというのは、さまよう未成仏、といった暗いものではありません。たんに光の世界の門までの行き方がわからなかったり、行きたくない理由があるだけです。

このお母さんの場合は、道先案内人としてご主人がお迎えに来ているのに、ご主人を拒否していました。どうやら、生前、ご主人にはかなり苦労されたようです。さらに、九十代という高齢で亡くなっていたこともあり、関係のある方々はすでに生まれ変わったか、もしくは、もっと高次の神仏界の住人となられたようで、ご主人以外の方がお迎えにも来ていません。

では、あの世（浄土）への導きに関係しているはずの阿弥陀如来様はどこだろう、と霊視すると、家の宗派が影響しているのか、仏様も見あたらないのです。

でも、このままお母さんを放ってはおけません。成仏に向けて交信を進めていくと、成仏の方法がわかりました。

当時、亡くなって一年半ほどだったお母さんは、一周忌と三回忌の中間に位置していました。相談者が浄土宗なら、阿弥陀如来様のお力をお借りするのですが、真言宗でしたので「十三仏」のお力が必要でした。一周忌から三回忌までは勢至菩薩様の領域ですから、勢至菩薩様のお力をお借りすることにしました。

相談者に、お仏壇に向かって勢至菩薩様の「サク」の梵字を空中に描きながらご真言「おんさんざんさくそわか」を四回唱えるようにお願いしました。

じつはお母さんは、信頼できる大好きな娘である相談者の助けがほしくて、心細いなかでずっと助けを待っていたのです。

相談者を信頼し、甘えることができていたお母さんですから、介護への不満は一切ありませんでした。

それよりも、最後に娘さんと行った伊勢への旅行が想念として強く残っていました。よほどうれしかったのでしょう。最後の旅行のとき、立ち寄れなかった場所があって、またそこに行きたいと言います。

それを伝えると、娘さんは「この旅行のときには、かなり痴呆が進んでいたのに」とおっしゃいます。ですが、ボケて見えるのは、肉体の外側（口から出る言葉・思考・行動など）だけで、肉体のなかに存在する無意識・魂は、前世からまったく変わりません。昏睡状態の人の魂・意識などは、肉体を離れて自由に飛んでいます。

ですから、お母さんの旅行時の表情が痴呆によって無表情でも、楽しんでいるのかわからなくても、魂・意識の世界のお母さんは、旅行を存分に楽しみ、とても喜んでいたのです。

成仏への解決方法がわかって、勢至菩薩様のご真言や梵字の説明や練習をしている最中、驚くことが起こりました。

なんと、鑑定室の天井あたりに後光が差したのです。まるでライトがついたように柔らかな光で、ほわ～んと明るくなっていました。鑑定室は、ブラインドも閉め切って、密教寺院のような暗室にしているので、外からの光や日差しが入って来たわけではありません。

これは、お母さんがまさに成仏された証でした。しかも一度ではありません。すぐまた元の暗さになって、勢至菩薩様のご真言を唱えると、また、一か所だけに後光が差すのです。

私は鳥肌が立ちました。相談者もビックリされていました。これを横文字で言うと、「ポルターガイスト」になるのかな。

勢至菩薩様からその存在のミラクルを見せていただき、とっても嬉しくなった私は、相談者をお見送りしたあと、ご本尊の不動明王様が鎮座される厨子を抱きながら、「ありがとう！　大好き！　不動明王様！」と、仏様にラブコールしました。

その後届いた、相談者からのお礼のメールを一部ご紹介します。

「母が成仏していないのではないかと気になっていた理由は、夢で見る母が、声は聞こえないのですが、一生懸命私を呼んでいたからなのです。それが二度ほど続いて、それからの夢はまったく笑顔がありませんでした。私が泣いてばかりで、母に会いたがってばかりいたからなのかと思っていたのですが、まさか迎えに来たのが父だったとは思ってもいませんでした。

旅行のときの母は、認知症も進んでいて、記憶に残っているのかどうかもわかりませんでしたが、そんなに喜んでくれていたのかとわかってよかったです。

母が成仏できて、母の喜びが確認できたこと、鑑定室に後光が差したミラクルを体験できたことも、とてもうれしいです。しばらくしたら、成仏できた母と話をしたいと思います」

寝たきりになっても見守っているよ

相談者の背後に降りてくるのは、亡くなった方ばかりとはかぎりません。まだ存命の方の場合もあります。

三十代の男性が鑑定にお見えになったとき、痴呆症で寝たきりの祖母が、大好きな初孫のあなたに会いたがっていますよ、とお伝えしたときもそうでした。

一般に、肉体からつくられる思考と想念のエネルギーは、肉体から離れて「生《いき》霊《りょう》」として飛んでいきます。「生霊」とは、肉体に宿る純粋な魂ではなく、肉体の一部である目や耳から脳に伝わって反応する感情の波なのです。

一方、魂は純粋な高次からやってきたもので、現在の肉体に仮住まいしているだけであって、輪廻転生を繰り返し、朽ちることなく、何度も地上に降りて新たな肉体に宿ります。ですから、純粋な魂が、生霊という念となって飛ぶことはありません。

では、相談者の祖母のような、寝たきりで意識のない場合はどうなのか。この場合、純粋な魂が肉体から離れたり戻ったりしています。幽体離脱の一種です。

魂は、意識がなくなる前や痴呆症になる前も、それ以降も、変わりなく同じです。痴呆症で意識もほぼないような、寝たきりの魂は、肉体から出てきて、行きたい場所に自由に移動しています。ですから、自分の周囲に起こっていることもすべて知っています。

この相談者は、子供のころ、働きに出ていた母に代わり、祖母に大事にされていました。そうした愛情を示してくれた祖母は、今では可愛い孫も認識できず、介護施設に入っています。

そんな祖母の意識体が鑑定室にやってきて、相談者の夢の内容や、子供のころにかかとを大ケガした話をしました。相談者自身しか知らないような話をいきなり私が伝えるので、相談者は目を見開いてびっくり。祖母は意識がなくても、相談者のことをずっと見守っていたのです。

しかし……残念ながら祖母の命の灯はあとわずかであると感じます。

「面会に行ってもこちらのことがわからないから、祖母には会いに行っていない」と相談者は話します。

私は、「面会に行って、祖母の手を握って声をかけてあげてほしい。ちゃんと伝わっています」「お互いの温もりを感じるのは今だけ。祖母はあなたのことをちゃんと感じていて、あなたのことをよ～くご存じです」「その証は、祖母の瞼《まぶた》からこぼれる一筋の涙」とお伝えしました。

その涙は、肉体の機能から生じる生理的な反射だと、医学的な説明がつくのかもしれません。しかし、意識体のエネルギーである人の心、人の思いからの涙のときだってあります。そうでなければ、なぜ、何も知らない私が、祖母と五歳の孫だけしか知らない思い出を話すことができたのでしょう。

相談者は、鑑定室を出たらすぐにその足で祖母のもとに向かうと私に告げ、今後の夢に向かう勇気と後押しと自信を祖母からもらったと、笑顔で帰っていかれました。

試練に立ち向かう

霊視鑑定では、亡くなった方やご相談者の数だけ、それぞれ異なる事情があります。最近気になるのは、お母さんが亡くなったとたんに、現実問題が急に押し寄せて、その重さに押しつぶされそうになる娘さんが相談にいらっしゃることです。

母と娘の関係が密なほど、母に先立たれると、まるで迷子になった子供のように人生の方向が見えなくなってしまい、悲しみと苦しみと後悔を抱いて、生きる気力をなくしてしまうようです。

そうした相談者の、亡きお母さんの願いは共通していて、「しっかり生きていってほしい」「変わりなく、いつも側にいるから」です。見守っているのがお母さんですから、日常のことを細かく娘さんに注意してきます。

たとえば、部屋やトイレのお掃除、台所での料理、健康などについて言葉を降ろしてきます。娘さんの悩みの重さに対して、なんだか思わず笑みがこぼれてしまうほど現実的で身近ですね。

娘さんがある程度年齢を重ねていて、未婚で子供がいない。このような方々は、母との結びつきが強いようです。そういう場合、当たり前のようにそこにあった日常がある日突然なくなると、心の準備ができないまま、置いてきぼりになった子供のようになってしまうのです。暗い部屋で、母がいつ帰宅するのかと、帰らぬ母を待っているカギっ子状態です。受け止められないほどの不安と孤独を抱えることになってしまいます。

こうした相談者は、大人になりきれていない、子供のような純粋さを持つ、とてもナイーブな大人です。


人生において、若いうちに心労を経験するか、中年期に入ってから心労に遭遇するかは、人それぞれです。しかし、すべてには意味があって、人生を充実させるための、そして、魂を成長させるための試練です。

何のために親子として生まれてきたのか。

母親が生きているあいだに、親離れ・子離れ・巣立ち・自立の機会がなかった人にとって、ここからがこの世での人生の本当の目的を知るときなのです。それに、いつも見える位置にいたサポーターは、背中に回ってしまったので見えないけど、確かにそこにいます。見守ってくれている暖かなオーラ・温もりは、感性を磨かなければ感じられません。

では、「感性」ってなんでしょう。

たとえば、食欲のない今のあなたが、この先、美味しいものを食べて「美味しい！」と言うとき。お母さんも「うん！　美味しいね！」って応えていると感じるようになるとき。これが感性です。見えない相手とのコンタクトの取り方です。

小さな子供は柔軟なので、どんな試練もすぐに心の糧になりますが、大人は、思考や感情がある程度できあがっているので、人生ではじめての試練を受け止めて成長への糧にするには、少しばかり苦しいと思います。

先日の相談者の場合は、鑑定をはじめたときから泣いてばかりで、何を言っているのか聞こえにくいほどでした。そんな方に対して私は、優しく諭すどころか、厳しい口調になってしまいました。亡きお母さんが、「いつまで泣いているの？」と叱っていたからです。

相談者はこれからも生きていかなくてはならない。人生において、ずっと同じで在《あ》るものはありません。夢であってほしいと思っても、厳しい現実から目をそらしたりはできません。人生の苦しみは誰にも肩代わりすることはできないのです。

人は、生まれるときも死ぬときも独りです。ずっとこのままだというものは、世のなかには何ひとつありません。

それを知るためにこそ、故人の供養でなく、自分に向かって般若心経を唱えるのです。般若心経は「無常」の教えです。感性で深く読み解くとき、苦しみの心は救われます。

「舎利子。色不異空。空不異色。色即是空。空即是色。受想行識。亦復如是」

舎利子よ、色は空に異ならず。空は色に異ならず。色はすなわちこれ空、空はすなわちこれ色なり。受想行識もまたかくのごとし。

これは、仏教で説く「無常」を示している部分です。物質的世界においての実体は、あるようで、元からないのです。

物や体はつねに変化し続け、いつかは滅してしまいます。死んでしまうことを知識として理解するのではなく、また、人間はいつか死んでしまうと悲観的に嘆くのでもなく、自分を含めてすべてが無常なのだととらえることを学ぶのです。「五蘊皆空なりと照見して、一切の苦厄を度した境涯」だからこそ、「今」を大切にして生きることです。

「一夜賢者経」と名づけられたお経には、こうあります。

「過ぎ去るを追うことなかれ、いまだ来たざるを念《おも》うことなかれ。過去はすでに捨てられたり、未来はいまだ到らざるなり。されば、ただ現在するところのものを、そのところにおいてよく観察すべし。

揺ぐことなく、動ずることなく、そこを見きわめ実践すべし。ただ今日、まさにやるべきことを熱心に成せ、たれか明日、死のあることを知らんや。まことに、かの死の大軍と、逢わずということは、あることなし（死は必ず誰にでも平等に訪れ

る、の意）

よくかくのごとく見きわめたるものは、心をこめ、昼夜おこたることなく実践せん。かくのごときを、一夜賢者といい、また心鎮まれる者とはいうなり」

（『阿含経典第五巻』より）

「揺ぐことなく、動ずることなく」「ただ今を成すことを熱心に」「昼夜おこたることなく実践する」というのは、たやすいことではありません。ですが、諦めないという向上心をもって、遭遇した試練に立ち向かうことが大切です。

誰のなかにも、大きな試練を経験した過去があります。あなたは孤独なわけではありません。あなたはひとりじゃない。みんなは直接あなたに語らないけれど、あなたの痛み・苦しみ・悲しみは、大宇宙に響き、それはみんなで共有しています。だから、大宇宙のみんながあなたの応援団なのです。

修行中の私は、神仏の教えを学び、神仏のいらっしゃる大宇宙と一体になる瞑想法を実践し、念仏を唱えていますが、学んだ教えを体現しようとしても、凡人であるが故の反省・懺悔ばかりです。

でも、また気を取り直して、教えの実践を繰り返し、強さに繋がる真中の確立を目指しています。

「報恩」と「輪廻転生」

お父さんはすでに他界していらして、お母さんは痴呆症で、寝たきりで施設に入所されている相談者のケースです。

相談者は、小さなお子さんや身内の人たちの問題を、すべて肩に背負ってがんばろうとしていました。

身内に対しては「ほっとけない。自分がしてあげなきゃいけないのに、思うようにならない、苦労が報われていない」という思いがあり、母親に関しても、「施設に任せているが、これでいいのだろうか」と自分を責め、心を痛めていました。

しかし、彼女の潜在意識下には傲慢さが隠れていました。「私はたいへんなのよ。それでもしてやっているのだから」と思っている彼女の態度に、周囲の人たちは不満を持っているようです。にもかかわらず、彼女は、母親の問題や、頼りなく感じる周囲の人たちについて、「私が何とかしなくては」とか、「どうしたらいいの」とあたふたし、悩んでいたわけです。

彼女の後ろに出ていたお父様が、激しい口調で「(親を) みくびるな!」と一喝されました。この言葉に、父親の威厳と娘への深い愛情がこめられているのを感じます。

「お前は周囲をまとめていけるような器やない」「母さんは、わしが守っている。娘にすがりついて迷惑かけようと思っていない。母さんの意識がまともなら、わしと同じように言うはずだ。親をみくびるな」とおっしゃいました。

亡くなってもずっと変わらず父は父であり、娘は娘。親は子供の幸せを願っています。娘の同情などいらぬということでした。

彼女の父親は、生きていたときも、威厳のある凛とした性格の男性だったのでしょう。「生きざま死にざまは自己責任だ。自分のことは自分が面倒見る」というメッセージでした。

この言葉のうちには、「わしらのことは心配しないで、今の家庭、自分の子供を大きくすることだけを考えていきなさい。お母さんや先祖供養のことで自分を責めないように。また、周囲の人たちも、自力でがんばることの大切さを学ばなければいけない」という教えがあります。

「仏説父母恩重経」というお経には、「天より高き父の恩、地より深き母の恩、知るこそ道の始めなり」「仏となりても子を護る。子はいかにして（恩に）報ゆべき」とあります。

相談者にとって、親の恩に報う「報恩」とは、彼女が自分の人生を歩むことです。そして、彼女の人生にとって大切なのは、小さな子供を立派に育てることです。

これは、輪廻転生のあらわれのひとつです。彼女が母親としての深い愛情を子に与え、この子に「親の恩のありがたさ」を教えていくこと。母から子へ、子から孫へと伝えていくのです。

「まず自分自身と、自分のいちばん目の前の人を幸せにできないで、どうして周囲の人を幸せにできるのでしょうか」と、亡き人に教わりました。

おじいちゃんのエール

恋愛と結婚の悩みでお見えになった相談者の背後に、なぜか亡くなったおじいちゃんが出ていました。

みかんや柿のような果物の木を持っているおじいちゃんがおっしゃるには、「育てた果物を食べさせてあげたくて、特に甘いのを取っておいた」そうです。

そのままお伝えすると、「会いに行けないまま、おじいちゃんは亡くなりました」と、相談者は涙をこぼします。

みかんを持ってお墓参りに行き、おじいちゃんの墓前で食べてあげることで、おじいちゃんの心残りをかなえてあげてほしいとお願いしました。

その後、本題である彼女の恋愛相談中に、再びおじいちゃんが話しかけてきました。

「おじいさんが、なんだか、しょうこ？　きょうこ？　みたいな名前を言ってくるけど、ご存知ですか？」と相談者に尋ねてみましたが、「知らない」と言います。

おじいちゃんに波長をよく合わせて聞いてみると、「押さえ込め」というメッセージ。

それでわかりました。

おじいちゃんのメッセージは、「おつきあいしている彼に対しては、こちらから結婚に持ち込め」という意味でした。「柔道技で押さえ込む」ようにするのだ、と伝えていたのです！

おじいちゃん、それを言うなら、ショウコでも、キョウコでもなくて「リ・ョ・ウ・コ」でしょう。「柔道の金メダリスト・谷亮子」さんのことです。

谷亮子さんのように、がっちり彼を捕まえて、押さえ込め（結婚しなさい）ということで、結婚のタイミングを逃しちゃいけない、この彼なら間違いない、とおじいちゃんが後押ししてくれていたのです。「しょうこだったか？　きょうこだったか？」って、おじいちゃん、二つとも違うよ……。

霊になっても漫才師みたいなボケを見せてくれるので、相談者と一緒に来ていた友人も、私も、涙あり笑いありで気持ちが清々しくなる鑑定でした。

この日、皆さんは、疲れた魂の浄化の涙を流されました。素直で可愛い彼女たちが、望む未来を手にして幸せになられるよう、心から願っています。

サルビアの花と兄の思い

あの世の方々の深い愛を感じる鑑定です。


亡くなった彼氏の言葉が聞きたくて鑑定を受けにいらしたという相談者ですが、鑑定がはじまってすぐに嫌な感覚になってきて、私は鑑定を拒否したくなりました。

案の定、故人はこの世である三次元世界に想念を降ろすことを拒否していました。

私は、故人が降りてこない場合、それなりの理由があってのことと考え、こちらから無理やりに降霊したり波長を探したりすることは一切しません。

そのとき、なぜか、呼ぼうとした方とは違う男性が出てきました。その男性の特徴をお伝えすると、どうやら相談者の亡きお兄さんのようです。

鑑定を進めていくと、途中から十五～十六歳の男の子も出てきました。過去に中絶した水子の成長した姿かと思い、相談者に尋ねてみても、堕胎の経験は一度もないとのこと。

なぜ彼は出て来たくないのでしょう。相談者の兄が出てきているのはなぜでしょうか。突然出て来た男の子は何者なのでしょうか。

鑑定の途中、故人と波長が合うと、私の身体にも変化が生じます。

このときは、私の身体の数カ所（とくに頭と頚椎と右腕）がひどく痛みはじめました。そこで、彼の死因をお聞きしたところ、すぐに納得できました。飛び降りて自死していたのです。彼は激しい痛みと苦しみを感じながら死んでいったようで、

「死に方をまちがえた」と後悔していました。

つまり、三次元での記憶が強い痛みだったために、彼は、痛みを感じる三次元に降りたくなかったのです。

でも、逃げずにもう一度、自分の死と向き合わないと、悟りには至らず、ずっとそこに居続けることになってしまいます。彼は、苦しみの記憶から逃げて（故人の現実逃避というのでしょうか）、十五～十六歳の男の子に姿を変えていました。

彼は、いつもその年ごろの思い出話ばかりしていたそうで、そのことからも、彼の人生でいちばん戻りたかった、喜び多き年代だったのではないかと思われます。

彼は、ひとつ上の次元、三途の河があるあたりでさまよっているようです。いちばん輝いていたころの自分の姿になることはできるようでしたが、この状態でさまよったまま、高次元の光の世界に行かずにいたり、この世（三次元世界）に未練があってさまよい続けたりするのは、仏の世界では「悟りを得ていない故人」となり、いいことではありません。

相談者の亡き兄は、さまよう彼をもうしばらく見守った後、悟りの世界へと導くお役目をすると言います。これは、妹が、「彼が成仏しないのでは？」と心配することがないように、との思いからです。

亡きお兄さんは、妹の希望する今回の鑑定、彼氏の「降霊」を快く思っていませんでした。それどころか、かなり怒っていました。

「過去に思いをはせるときじゃない！　置かれている自分の足元を、今の状況や現実を見よ！　これからどう生きるつもりなのか！」と、憤りを訴えてきます。

相談者の亡き母親が、妹を叱咤するお兄さんに「あまりきつく言わないであげて」と、お兄さんの横で、オドオドと心配していました。

ご両親やお兄さんが生きておられたころ、相談者はお母さんの言うことを聞かない娘さんだったようで、妹に強くものを言えるのはお兄さんだけだったのだそうです。

お母さんとお兄さんは、残された相談者の今後の人生を心配しているのです。自分のこれからの人生設計をしっかり考えて、現実にしていってほしいのです。

そうしたメッセージをお伝えしていると、ふいにお兄さんが「赤いサルビア」と伝えてきました。

どういう意味でしょう?

なんとなく「花言葉」だと浮かんだので、すぐに調べると、「男心・家族愛・尊敬・知恵・よい家庭」――お兄さんの妹への思いそのもの、今後のメッセージでもあったのです。

見えない世界や姿形のない故人は、実際に存在している。そして、そこにあったのは「愛」でした。

どんな亡くなり方をしたとしても、生きていたころの愛を疑ったりしないでほしいと思います。これは今回の相談者だけでなく、たった今、亡き人に思いをはせているあなたへの、大切な人からのメッセージでもあるのです。

慈悲が必要なすべての人に送ります。「光の白玉」が届きますように。

最初は、故人が拒絶しているように感じて、気乗りがしなかった鑑定ですが、終わってみれば、相談者を思う亡くなった親御さんや、妹の幸せを願い未来を心配する亡き兄の愛の深さ、「家族愛から生じる守護のありがたさ」を感じた鑑定でした。

第四章　先立ってしまった子供たち

八か月児の自死

私の開いているセミナーにご参加下さった方のお話です。

Aさんは、男の子三人のお母さんでしたが、末の子が八か月のとき、突然死してしまいました。寝かせていたお子さんが、お布団のなかで窒息死したのだそうです。

Aさんは「自分のせいだ」と苦しんでおられ、「お布団はフカフカだったね？」とたずねると、苦しそうに泣きながらうなずかれます。

このときふっと観えたのが、「この赤ちゃんは自死した」ということでした。

でも、八か月の赤ちゃんが自死なんてするのでしょうか。

半信半疑ながら、Aさんにこのことを伝えると、Aさんは息を呑んで、両目を少し見開き、無意識に一呼吸おきました。

「……はい。じかしつと言われました」

「えっ？　じ・か・し・つ、って何ですか？」

私には初めて聞く言葉です。

「自分の過失と書いて自過失と言うそうです」

「警察の解剖の結果、自分から布団のなかに潜ったのが原因で、自らの過失による死亡だったと告げられました」

なるほど、やっぱり！　苦しんでいるAさんに楽になってもらいたくて、本当のことを、力強くお伝えしたくなりました。Aさんは、自分がもっと注意してあげていたら子供が亡くなることはなかったと、ご自分を責めてはひどく苦しんでおられましたから……。

生まれて八か月で、知識もなく、まだ自分の意思のないような赤ちゃんが自死するなんて、信じられないかもしれません。でも、これは魂の意識ではあり得ることなのです。

次に観せられた赤ちゃんの意識には、ある「もの」が映し出されました。それを見たときに、この子は、間違って生まれてきたことに気づいたのです。

それは「オチンチン」がついていたことです。女の子に生まれる予定が、なぜか男の子の体で生まれてきてしまった！

赤ちゃんは、一刻も早く生まれ変わるために、間違ってしまったことをなしにするために、自分からお布団に潜ったのです。

もう少し意識をこの子に繋げて観ると、「月齢」で生きているころはまだ神童であって、魂の意識が向こうの世界としっかりと繋がっているのがわかります。

間違いを訂正するために、「あ〜っ、早く帰らなきゃ！」と、この子はお布団に潜っていきました。この子にとって、それはまるで「天界と繋がるゲートに入っていく」ような感覚です。

地上界で言えば、生まれるときに出て来た入り口、すなわちお母さんの産道に戻っていくような感覚でしょうか。

この子の魂の意識・魂の記憶がそうさせたのです。自死というよりも、男女形成のやり直しのために天界に戻っていったというほうが正しいでしょう。天界でのＤＮＡの書き替えですね。

人は、自らの人生をあらかじめ描いて生まれてくるようです。私はこれを「ブルーノート」と呼んでいます。これまで繰り返してきた輪廻転生の、魂の記憶が書き込まれるＤＮＡに、新たな人生を自ら書き込んで生まれてくるのです。

Ａさんには、この子は女の子として生まれ変わってくるかも、とお伝えしました。もう一度お子さんを産む勇気を持っていただきたいと思ったのです。

ただし、この子自身は、必ずしもＡさんを母親として生まれてくるとはかぎりません。彼女の元には、別の魂の女の子が生まれてくる可能性ももちろんあります。

男の子の死産の後に生まれた子が女の子だったり、四か月の男の子が突然死した後に女の子が誕生したり、といった事例は、私の身近でもあったことです。二件とも、男の子を突然亡くされた後に女の子が誕生しています。ただの偶然かもしれない。でも、魂レベルでの意識は確かに存在しています。八か月の乳児が、自らの魂の意識で「自死した」という霊視が、警察の解剖結果の「自過失」と一致するという事実もあります。

この男の子は、天界で、蓮の華を持った観音様にこっぴどく叱られていました。こちらの世界（天界）に、理由はどうであれ、こんな形（自死）を取って戻って来たからです。

もちろん、Aさんに死の責任はありません。自責や後悔の念を取り払い、優しく賢明なご主人やご家族のために、みんなを「あまねく照らす太陽」となり、がんばってほしいと思います。

ちなみに、「あまねく照らす太陽」とは、大宇宙の光のエネルギーのことであり、密教の大日如来のことです。

私が開いているセミナーでは、お坊さんの世界にも「阿字観」という瞑想方法があるとお伝えしています。「阿」は、大日如来＝大宇宙の光のことです。

セミナーで、あの世と繋がる瞑想をおこなったときに、Aさんには、「あちらの世界で観音様に怒られないように、母としてお願いしてあげて。そんなイメージで瞑想し、エネルギーを向こうに送ってあげてね」と、お伝えしました。

Aさんは、私のところに来る前に、別の霊能者の、不安をあおるような鑑定を受け、傷ついていました。子供が死んだ原因が、先祖の因縁やら何やらと、禍々《まがまが》しいものを持つはずはありません。つまらない、まやかしの怪しい霊能者に惑わされないように、気をつけて。

Aさんの心が軽くなり、やらなければいけない人生の使命に気づいてもらえたらと願っています。

観音様の戒め

昔、私は周囲の反対を聞かず葬儀屋さんに就職したことがありました。

亡くなって四十九日までは特に霊のパワーが強いので、霊感のある私には「しんどくなるよ」と、みんな心配してくれましたが、人間関係に疲れていた私は、「生きた人間とつきあうより、亡くなった人の方がまだマシだ」と、アドバイスを聞きませんでした。

仕事内容は「七日参り」というもので、四十九日まで、一週間ごとに、ご遺族宅へ仏前のお花を届けるお仕事でした。

故人の魂を感じて動揺することは多かったけれど、大事には至っていませんでした。しかしあるとき、仕事を辞めるきっかけになった事件が起こったのです。

会社からは、ご遺族宅に行くための住所は教わりますが、亡くなった原因は知らされません。

そのときうかがったお宅では、亡くなったのは十九歳の女性でした。訪問の初日、後飾りの前に座ると、いつもはそんなことはないのに、異常に目や喉が痛くなり、お線香の煙がとても不快になりました。

故人が出てきて「ごめんね。ごめんね」と、辛そうにご両親に謝っています。そのとき、彼女が亡くなったときの状況がはっきり観えました。

この家で首を吊り、自死したのです。ノイローゼ気味だった彼女は、発作的にタンスからヒモを出して自死していました。

お花を添えて仏前に座っていると、なぜか異常な眠気に襲われました。ほんとうなら、余計なことは言えない、言わない立場なのですけれど、あまりにも辛そうな故人とご両親が気の毒になって、私は、故人の言葉をご両親に伝えることにしました。

ご両親に、「信じてもらえないかもしれないけれど、亡くなったお嬢さんが、お母さんに謝っています。亡くなった原因も観えます。お母さんはお嬢さんを助けることができなかったと、ご自分を責めているのでしょう？」

話を聞いたご両親の目に、大粒の涙が浮かびました。

くわしく聞くと、自死したHさんは、以前にも自死未遂を起こしたことがあったそうで、一度目は彼女の弟が助け、病院に入院させて、カウンセリングを受け、いったんは回復したといいます。

彼女は睡眠障害を患っていて、目をつぶると悪魔のような、いろいろな声が聞こえてきて、暗闇が怖くて熟睡できない悩みを抱えていました。日常では、彼氏もいて、恋もしていて、友人に囲まれた普通の女の子なのに、いつも眠りが怖いので、寝るときはお母さんが添い寝をしていたそうです。

両親は、私が体験したように、Hさんが亡くなった直後から異常に眠くなっていて、「娘が死んだというのに気楽に熟睡できるなんて、娘にもうしわけない」と、罪悪感に苦しんでいました。

また、「亡くなった日、ちょっと目を離した隙に自死させてしまった。もっと娘を気にかけてやっていたらこんなことにならなかったのに……」と、自分を責めているのがわかりました。

ご両親の自責に、亡くなった彼女は「私のしたことで苦しめてごめんね」と、辛い気持ちで謝っています。

なぜ、私やご両親は眠くなったのでしょう？

生前のHさんは、眠るという暗闇に入るとき、頭のなかに悪魔の声が聞こえてきて眠れなかったのですが、亡くなってからやっと安眠できるようになったのです。また、彼女がご両親の側にいることで、ご両親とシンクロしていて、彼女につられて、ご両親も異常に眠くなるようなのです。

そう考えると、眠気に対して罪悪感を抱くのは見当違いなことでした。

自死したらあの世にいけなくなって地縛霊になる、などといいますが、彼女はそうはなりませんでした。私は、当時は無宗教でしたが、そのとき、観音様が彼女を保護した様子が観えました。同時に、彼女が生まれてきた意味、前世からのカルマが観えました。

彼女のはるか昔の前世は、観音様のお弟子さんでした。それなのに、とんでもない性悪で悪事を働き、観音様の怒りを受けて、「苦しみを抱えているのに、人に優しくしなくてはならない修行」を持ってこの世に生まれてきたのです。

その修行があまりにも辛くて、ついに精神を患い、自死してしまったのです。そこで魂の修行が終了したのか、それとも修行の途中だったのかはわかりませんが、とにかく観音様が彼女をお救いくださったようです。

しかし、私が彼女の家に訪問しだすようになると、Hさんが私の家にまでついてきてウロウロするようになってしまいました。霊感のあるいとこが、真っ青な顔で、「女の子がいる。うろうろしている」と言いますし、私が車で移動しているときに突然眠気に襲われて、危うく事故を起こしかけたりもしました。息子が、風邪でもないのに、異常にのどの不快を訴え体調を崩したり、お仏壇の線香の煙が嫌だと言いはじめたりもしました。Hさんは生前、お線香の煙が嫌いな子だったのだそうです。

彼女は、前世の性悪さがあらわれ、この世に未練がでてしまい、私や息子に憑《と》りついてしまったのです。

この出来事に対して、観音様は彼女をきつく戒めました。そして観音様は、私に対しても「中途半端に霊に関わってはいけない」とお叱りくださいました。この仕事は、私にはやはり無理だったのです。これをきっかけに、私は葬儀社を辞めました。

世間は狭いもので、私のいきつけの飲食店でよく会う常連さんが、なんとこのHさんの伯父で、彼女をとても可愛がっていた方だとわかりました。

私は、この縁に観音様の導きを感じ、二年後に、仏師の先生に協力していただいて、彼女の冥福と、ご両親の心が救われますようにとの祈りをこめて、手彫りの観音様を届けさせていただきました。

天使になった少年

相談者と向き合う前には、曇りない心で鑑定できるように心身を清め、高次元からの言葉を降ろしやすくするために、必ずご本尊の前で読経・瞑想をします。

その読経と瞑想のあいだに、相談者に関係するワードや映像が降りてくることもあります。

その日も「大きな羽根を持つ天使」が頭に入ってきたので、お見えになった相談者に、「なぜか、こんな天使が先にやって来ていました」と絵を描いてお見せしたところ、相談者の顔にさっと緊張が走るのがわかりました。

相談者がなにやらバッグから取り出し、私に見せてくれました。それは、飛び降りて自死した息子さんの遺書で、私の観た天使にそっくりな、大きな羽を持つ天使が描かれていたのです。

この相談者の自死してしまった息子さんについての鑑定は、実はこのときが二回目で、はじめて鑑定させていただいたときは電話鑑定でした。

電話鑑定の時点では、「死のうとしたのではなく、飛べると思った？」「なんだか……飛ぼうとしていたみたい」とお伝えしていて、遺書の話はまったく出なかったのです。

私が読ませていただいた息子さんの遺書には、「天使が呼んでいる」というようなことと、私が描いた天使にそっくりな絵が描かれていました。他にも、異次元との交信をしていたような文字もありました。

自死をする人は、簡単な理由から自死するのではありません。その人の性格と、生きて来た道のりと、環境と経験と学び、さまざまな思いが絡んで重なっていて、とても複雑なので、一言ではなかなかあらわせないものです。

私は、それでもギュッと濃縮して、真実をお渡ししなければなりません。

相手の方には、私の言葉のとらえ方を間違えないように、誤解したり、勝手な解釈をしないようにしていただき、故人の遺志を深く掘り下げてほしいと願っています。

故人とて、自分の行為を否定されたくはないでしょう。自死した故人に向かって、「それは間違っていたのよ」などと伝えては、後悔させるばかりです。私は、故人が高次元の世界、神様仏様の元で真理（悟り）を得るまでは、そっとしておいてあげたいと考えています。

私の場合、「観える」からこそ、どうしても故人の立場で考えてしまいがちで、故人を気の毒に思うことが多々あります。後悔したところで生き返ることは叶わないのですから、前向きに気持ちを切り替えて、早く生まれ変わってほしいと願っています。やり残したことをやるために、やり直すために、次の肉体を再び得るために、真の仏様への悟りの勉強のために、成仏してほしいのです。

私の降霊は、遺された方だけではなく、故人をも救うものです。ですから、原則として「寝た子は起こさない！」といつもお伝えします。

この鑑定では、自ら飛び降り、天使になった少年は、遺された母の「神」となりました。過去世でお母さん自身が望んだ願いを息子が叶えてあげるため、そうしたのです。

相談者は、自分の過去世を思い出さなければ、今の果てしない苦しみから一歩前に出ることは難しいでしょう。過去世を見つけるためのヒントはお渡ししましたが、過去世にはもう出会えているでしょうか。出会えているといいのですが……。

人の数だけ人生があって、人の数だけ過去世があって……過去世があって現世があります。それが来世にまた繋がっていくのです。人生は現世で終わりではありません。これは今までの鑑定で私が学んできたことです。

吉野山には、三体の蔵王権現様が並んでいますが、過去世をあらわす蔵王権現様が一番大きくて、真んなかに位置しています。これは、「過去が一番大事」という教えからです。

今日という日が明日になれば過去となる。だから明日よりも今、後悔しない生き方をしなくてはいけません。

「故人が私に背を向けて旅立ってしまった」と思うと哀しくてつらいです。でも、「現在を生きている私たちは、生き方について故人の背中から学んでいる」と、少し目線を変えて考えると、先人の導きでもあり、故人の足跡だとして、穏やかな心で受け止めることができそうですね。

あの世の目線と現世の目線

自死の鑑定で気になっていることがあります。自死を世間から隠す人が多いことです。

相談者が、自分が死の遠因になっていると思っていたり、負い目があるような場合、死の真相をなかなか話しにくいのはわかります。ですが、現世の目線で善悪を決めつけるのはちょっと待ってください。

自死という言葉を否定的に受け止める人々の根底にあるのは、自死を忌み嫌う偏見や差別的な心境ではありませんか？　もしかすると、この本を読んでいるあなたもまた、そうした偏見から逃れられていないのではないでしょうか。

しかし、これまで述べてきたように、高次元の目線から見ると違った解釈があらわれてくるのです。

素粒子よりもはるかにミクロなエネルギーとして大宇宙の根源にいたときは、私たちはみんな一緒に、ごちゃ混ぜになっていました。そこから「個」を求めて地球に降りてきたはずなのに、今は「一人ひとりの個を尊重する」ことを忘れていないでしょうか。

生きている人のことだけを見て、感情や考えを優先したり、こちら側の世界の目線だけで見ているから、短絡的に「自死は悪いことだ」とか「子孫や家系に因縁を残す」とか「縁起を気にして公表できない」といった、後ろ向きなとらえ方が当たり前になってしまっています。これは、世のなかで語りつがれた「すり込み」というものではないでしょうか。

日本ではとくに、家や家系に重きを置いて、ご先祖様や神仏への敬虔《けいけん》な気持ちが伝統的に強かったので、無意識下で「バチがあたる」ことを怖れ、なおさら悪いイメージを持ちやすいのかもしれません。

ですが、そうやって決めつけることで、故人の意志や、人生の選択や、魂の意識でおこなった決定が見えなくなっているのです。見えない世界のことを知ろうともせずに、何と比較しているのでしょう。決めつけの目線は、般若心経でいうところの「智慧がない」状態です。

私は、自死を肯定するつもりはけっしてありません。でも、自死はいけないというすり込みもやめてほしいと思っています。

「なぜ命を大切にしてくれなかったのか」と、無念の思いを持つのもよくわかります。でも、故人の目線や立場で観ると、先に述べた、母の望みを叶える使命を持った少年のように、違う側面が見えてくるのです。このときの鑑定は、仏さまになられた故人にとって、あの世とこの世の隔たりが微塵も感じられず、人生の第二章のはじまりのように感じられました。

二つの目線に繋がる鑑定をもうひとつご紹介します。

運転する車の車庫入れ時に、車の後ろにいた幼い我が子に気づかず、車を後進させてしまい、お子さんを亡くされた方の鑑定です。この痛ましい事故はニュースにもなりました。

ネットの掲示板には、憶測による誹謗中傷や心無い書き込みがされ、相談者は傷つき、自責の念が心のなかでさらに広がって、「死のう」とまで思いつめていました。

ですが、亡きお子さんからのメッセージは、母への慈悲にあふれ、広大無限の大宇宙の目線からのものでした。お子さんの語る死の真相は、私たちがこの世で得た知識と経験だけでは想像もつかないことです。

亡きお子さんは、「たくさん愛してくれたママ、いまもこれからもずっと大好き！」と、無邪気な笑顔でしたが、相談者の心に強く渦巻く「戻せない時間」という思いが、痛みと苦しみの鋭い刃となって、自らに与える罰となっていました。相談者は、この罰を心に突き刺したまま生きていくのでしょう。我が子の存在の確信と、その子からの慈愛に満ちた言葉が、炎の海より相談者を救ってくれることを願ってやみません。

死後の肉体を求めて

土壇場で死を受け入れられなかった自死霊のお話です。

知人の女性が自死したとの悲報を聞き、私は心を落ち着かせるために、ご本尊の前で読経をしていました。

すると、彼女が出てきました。故人との波長が重なり、「後悔していない！」という言葉が聞こえたとたん、私の喉が詰まり、咳込み、こめかみから頭にかけて締め付けられるようになって、やがて頭が真っ白になる感覚というか、酸素が脳に回らないとこんな感覚になるのか、という体験をさせられました。つまり、私は首つりを疑似体験させられたのです。

お通夜のときは、プライドの高い彼女は堂々と余裕のある態度で、自分の棺桶に腰掛け、真正面から参列者を見ていました。

でも、次の日のお葬式で、彼女を乗せた霊柩車から「お母さん……寒い……寒い……」という彼女の声が聞こえてきたのです。遺体が斎場に着くと、再び訴えるように「お母さん！　寒い！　寒い！」と言い募っていました。

あんなに「後悔していない」と気丈だったのに、なぜでしょうか。

天寿をまっとうせずに自死した彼女は、この世に未練や執着を抱いてしまい、とくに、自分の亡骸《なきがら》に執着していたようです。目の前に横たわる自分の亡骸に戻りたくても戻れず、自分のまとっていた肉体がなくなって、「着ぐるみをはがされたように寒い」と感じていたようでした。

これが地縛霊になってしまうと、自分を温めるために身体を求め、自分と似たような境遇や波長の合う人に憑依してしまうのでしょう。

般若心経の教えは「形あるものや目に見えるものは何もない。実体がないから執着するな」というものです。

仏の世界には、「死ぬのが怖い」「死んだらどうなる？」「安らかな死をむかえたい」という思いに対する答えがあると、私は思っています。もちろん、高次元の神仏・大宇宙との繋がりを信じるとか信じないとか、人それぞれの考えがあっていいと思いますし、私は「信念」というものが世のなかで一番強い力を持っているのではないかとも思っています。

いずれにしろ、見えない世界を信じると死が怖くなくなります。加えて、般若心経の「空」を知れば、執着もなくなり、もっと生きていたかったという後悔もなくなるでしょう。これは、与えられた命を一生懸命に生きることにも繋がっていくのではないかと思います。

さて、辛い現実から逃げて絶望し自死した彼女は「後悔していない」と思っていたけれど、亡くなってはじめて自分の真実の声に気づいたようです。

波長の合う私の後ろに憑いていた彼女を成仏させるため、私は、彼女が生きていたときに望んでいたけれど叶えられなかった修験道へと彼女を導き、彼女の御霊を高野山に上げました。

後日、高野山に行くと、大杉の木から木へ、女行者の姿をした彼女が飛びまわっていました。そこで魂の修行を終えたとき、彼女は真の仏となるために天に還るのだと思います。

自分を見つめ直し、死を受け入れ、魂の新たな道への勉強が終わったとき、彼女は来世へと導かれるのでしょう。

死んだ自覚のない女の子

次の相談者は、高校生のお嬢さんを突然亡くされた方です。鑑定を始めてすぐに出て来たのは、おかっぱ頭の女の子。なんだか頭が濡れています。聞いてみても、相談者の娘さんではないと言います。

では、肝心のお嬢さんはどこにいるのでしょう。

よくよく観てみると、相談者の周りでウロウロしているのがわかりました。

「ねえ、ねえ、お母さん」と、相談者の肩をたたいて話しかけています。こうした無邪気な様子は、子供の霊によくある行為です。

子供は、幼くして死んでしまうと、死の概念がない……あの世がわからない場合があって、そんなときは、自分が死んだことがわからず、空間をさまようことがあります。ですが、高校生のお嬢さんが、自分の死に気づいていないことなんてあるのでしょうか。

鑑定を進めると、三途の川を挟んで向こう岸の死後の世界に、お嬢さんの亡き祖母が案内人としてお迎えに来ているのがわかりました。祖母は、相談者である自分の娘とその孫に想念を送っていますが、相談者は祖母の思いに気づいていません。それどころか、亡くなって、同じ次元に行ったはずのお嬢さんまでが祖母に気づいていないようです。お嬢さんは、生きている母に想念を一生懸命送っています。

お嬢さんがこの三次元でさまよっている原因は、二つありました。

一つは、死因です。お嬢さんは脳溢血で突然亡くなったのです。

お嬢さんご本人にしてみれば、急に目の前が真っ暗になって眠ってしまったつもりでいたのでしょう。そして、ただ朝が来たから起きた、目覚めただけという感覚でした。

そしてもう一つの原因は、今回の相談者「お母さん」です。

相談者は、お嬢さんが亡くなってから今日まで、お仏前に、花や水や線香を供えてはいたものの、話しかけることをあえて避けてきたのだそうです。

相談者は、「泣いてはいられない、残された家族のためにもしっかりしなくてはいけない」と思い、悲しみに向き合うことを封印していたのです。

亡くなったお嬢さんにとっては、自分が亡くなった前後の状況がまったく把握できないうえに、目覚めてみればいつもと変わらない日常がそこにあるのですから、疑問に思うことはなかったのでしょう。透明な身体のままで家族と過ごし、学校に行って友人との会話に参加していたのです。お嬢さんは、自分の周囲の現状を都合のいいようにとらえていたわけです。自分が亡くなったことに気づかないので、亡き祖母の姿も見えていませんでした。

しかも、困ったことに、鑑定の一番最初に出て来たおかっぱ頭の女の子が、お嬢さんの波長に引かれてやってきていました。この子はさまよう地縛霊でした。

地縛霊となってしまうと、自分の寂しさ苦しさに耐えかね、同じようにさまよう霊体を取り込もうとします。もしお嬢さんが取り込まれてしまうと、この世に留まろうとするエネルギーが強くなってしまいますから、お嬢さんの成仏がどんどん難しくなります。

お母さんにこのことを伝えると、「そんなのは駄目！　成仏させてあげたい」と、焦りを見せました。お母さんの焦りが強くなった理由は、お母さんが何日か前に、このおかっぱ頭の女の子を夢で見ていたからでした。

では、この状況を変えるためには相談者がどうすればよいのでしょうか。

相談者に必要なのは、「娘さんの死に向き合うこと」です。祖母は、これを手助けするためにやって来ていたのです。

逃げてはいけない。お嬢さんに、自分が死んだという事実を語りかけてあげてほしいとお願いしました。

死の自覚を持たせるだけでなく、「向こうの世界でもやりたいことはできる」と伝え、この世への未練を断ち切ってあげてほしいと伝えると、相談者は強く頷いてくださいました。

この瞬間、私が最初に観た「おかっぱ頭の女の子」は、寂しそうに消えていきました。この女の子は、再び自分と波長の合う霊体を探しにいったのかもしれません。

ゼウスに好かれた男の子

十四歳の少年A君は転落事故で亡くなりました。

A君は、私の知人の息子さんの親友で幼なじみです。事故からずっと意識不明で入院治療をしていたのですが、亡くなったと知人から連絡が来ました。

最愛の息子さんを亡くされたA君のご両親は、キリスト教徒でした。A君の友人や学校関係者など二百名ほどが集まった葬儀では、「Aはエンジェルになってこの世を旅立った。悲しむより一緒に彼の命をお祝いしよう」と、参列者の皆さんに語りかけられたそうです。

お節介をやくつもりはありませんでしたが、その様子を知らせる知人のメールを読んでいたら、亡きA君と自然に波長が繋がったので、様子をお伝えすることにしました。

光の世界の住人になってもA君は人気者で、天使や神様、女神様の前でパフォーマンスをしては、神界の皆様に笑いをプレゼントしているようです。

A君は「ゼウスに好かれた男の子」でした。現世で短い人生だったのは、神界のゼウスが、地球学校でのA君の長期滞在を望まず、手放したくなかったからなのです。

どうやら、A君も早めに神界に戻って来ると決めていたようです。

そして、A君は知人に対し「神界でもお友だちがたくさんいて幸せに暮らしているから、あまり気を落とさないで、両親を大切にしてあげて」と伝えてきました。

A君は、両親に親孝行できないまま旅立ったことを後悔していました。だからこそ、知人に対して「年老いたご両親へ、後悔のないように、親孝行をしっかりしてあげてほしい」というメッセージに繋がったのでしょう。

私の経験では、亡くなった人のほとんどが仏教に出てくる仏様と繋がっていますが、今回は亡くなった人と繋がっていたのは、ギリシャ神話の全知全能の神、ゼウスでした。

仏教以外の神様が亡くなった人を守護するパターンを見たのは、そのときがはじめてでした。光の世界は万国共通だというあらわれですね。

ゼウスに好かれた男の子　その二

ゼウス神に関わる鑑定について、もう少しお話しします。

世界各地には数多くの神話が伝えられていますが、ほとんどの人は、神話のことをただのつくり話のように考え、そこに描かれた神仏の実在は信じていないのではないでしょうか。

私自身も、自分が観えたものや感じたものに対して実証を確認していなければ、脳がつくり出した幻想なのではないかと思うこともあります。

息子さんを交通事故で亡くされた方のケースです。

とても起こるはずのない、あり得ない状況の交通事故で、警察でさえも事故の原因がわからないといいます。

私は、「なぜ事故が起きたのか？」というご質問を受けて瞑想に入り、意識を事故当日に飛ばしました。そこで観えた映像、観えた状況を相談者の目の前で自動書記し、事故の状況を話すと、相談者は「その通りです！」と驚かれました。

さらに鑑定を進めると、「ビックリマンチョコ」と、おまけについている「キラキラシール」が観えました。ゼウスのシールです。

「心当たりはありませんか？」と相談者に尋ねてみましたが、なにも思い浮かばないようでした。

次に降りてきたのは「七〜八年前」とのこと。これに関してはハッキリしていました。

亡くなられた息子さんは、七年前に心臓の手術をしていて、日本一と名高い名医の手術で一命をとりとめたのだそうです。当時、この名医でなければ命はなかったというほどの難しい手術だったといいます。

このお話を聞いている最中、突然「ゼウス神」が降りて来られました。どうやら息子さんは、手術のときゼウス神と約束を交わしていたようなのです。

七年前、息子さんの寿命は尽きるはずでした。でも、息子さんは「死にたくない！」と一生懸命、天に向かってお祈りしました。その願いをゼウス神が聞き入れてくださって、「やりたい事をやれるように命を延ばしてやろう」と約束したのです。「命を延ばすのは七年間だけ」「その後はこちらに戻って来ること」という、神との約束・取り決めがあったのです。

基本的に、神仏は人の命、寿命に関係していません。では、なぜこういうことが起きるのかというと、息子さんは、もともと人の魂を持って生まれていなかったのです。生まれた時点で、すでに神界人でした。ゼウス神の元から来たなら「天使界の存在」だったのかもしれません。

そのことは、鑑定後に頂戴したお礼のメールの内容からもわかります。一部をご紹介します。

「心のどこかで、息子は神様に連れて行かれたのではないかと思っていたので、家族は『ああやっぱりそうだったんだ。そうではないかと思っていた』と、皆同じことを言って、今回の不可解な事故死も、不思議とすんなり納得しています。

息子が心臓病の手術のときに、『スーパーゼウスシール』をお守りにして枕に忍ばせていたことや、亡くなる数日前に言っていた不思議なことも思い出しました。

『ついに宇宙人が僕を迎えに来ちゃったんだ！　もうダメだ……ほら、あの光を見て！　怖いよぉ……』と息子が言います。

『宇宙人って……どこから来るっていうの？』と私が訊くと、

『そんなの、木星に決まってる！』

この場は笑ってすませましたが、不思議なことを言うなあと思っていました。

息子は、毎日カーテン全開で『星が見えるように』して寝ていました。祖母は『天から狙われちゃう！』と心配して、息子が寝てからカーテンを閉めていたそうですが、朝起きるとなぜかカーテンが開いているのです。不思議な子でした。亡くなった日は、「木曜日」です。『木星に関係あるのかな』と、祖母も不思議そうにしていました。

鑑定していただいた日を境に、家族みんなが前向きになれました。
いつか息子に『ママも頑張ったよ！』って言えるように、できることを少しずつがんばろうと思います」

木星はまさに、ゼウス神のあらわれですね。木星は英語でジュピター。ローマ神話の主神ユピテルに由来し、ギリシャ神話での大神ゼウスに相当します。

この鑑定での学びは、私が今までお伝えして来た高次元の存在についての確認でした。

大宇宙の惑星・星々をエネルギー体としてとらえ、神の名をつけた地球人。私たちが肉体の内側に魂というエネルギー体で存在しているように、惑星も高次な意識体・エネルギー体として存在しています。

そのエネルギー世界は、肉眼では見えません。「第三の目・ホルスの目・脳のなかの松果体」で観るのです。

私がいつも「見える」と表現せずに「観える」と書くのには意味があります。これは「観音」のことで「音を観る」ことをあらわしています。音とは「光の波長」のことです。エネルギー・光の波長を感じることを「観音」といいます。

観音菩薩様も、大いなる大宇宙の慈悲慈愛のエネルギー体です。観音経はそのことを学ぶためのお経です。太陽系の星の位置や動きを音程に置き換えた、天界の音楽「惑星音階」もそうですね。

亡くなったら空に還る、星になるというのは、「エネルギー体」で考えるとわかりやすいと思います。惑星や星々は、地球人だけの魂の故郷ではなくて、超人と言われた空海さんやイエス・キリスト、お釈迦様はもちろん、ＵＦＯに乗っている宇宙人にとってもそうなのでしょう。

どこかの惑星にいる宇宙人や、魂のレベルがはるかに高い神仏、不動明王様やゼウス神も、大宇宙でエネルギー体として実存しているのです。

今回の鑑定でも、相談者が鑑定にいらっしゃるずっと前から「神様」「木星」「ゼウス神」があらわれていて、その実在がよくわかります。

こうした、目に見えない大いなる存在の確かさは、私たちに死後の世界への希望を見出させてくれるものです。

神話や神仏は、古代人が高度なインスピレーションで実際に宇宙からとらえていた物語なのでしょう。神話を語り継いだ古代人にとって、大宇宙の高次な神仏は身近に存在していたのだと思います。

月の番人となって家族を待つ

十六歳の息子さんを突然の病で亡くしたお母さんが鑑定にいらっしゃいました。出てきた息子さんはおとなしい子で、お母さんの知っている明るい息子さんとは真逆なタイプでした。

その理由は、息子さんの最初の言葉にあらわれています。

「死にたくなかった……」という無念の言葉を伝えてきます。

明るくて、がんばり屋さんで、がまん強い努力家でしたが、これがアダとなって、胸の違和感も痛みもがまんしてしまったのです。それが死の原因でした。

彼が伝えてくれる言葉は、大宇宙、宇宙船、スペースシャトル、UFO、宇宙人と、宇宙に関することばかりです。不思議に思いましたが、「あの子が亡くなった後、無宗教で送り出したあの子のために、主人が月に土地を購入したんです」というお母さんの言葉で合点がいきました。

お父さんの買ってくれた月の土地が彼の居るべき場所になったのです。

いずれ家族がやって来るときまで、彼はその土地の管理人「月の番人・橋渡し」となって、「みんながこっちに来るときには迎えに行く」、息子さんはそう伝えてくれました。

このとき、金剛界の大日如来様が息子さんの背後にあらわれたのがわかりました。これからの息子さんを保護してくださるのです。大日如来様は大宇宙をあらわす仏様です。

お父さんが息子のためにと月の土地を用意したことは、息子さんにとって一番の供養になったのです。

無宗教で故人を送り出しても、ちゃんと供養は成されます。高次元の光の世界は共通だからです。

いただいたメールを一部ご紹介します。

「主人があの子のために買った月の土地を喜んでくれて、ほんとうによかったです。ちゃんとあの子にも伝わっていたのですね。

我が家は転勤族で、数年後にはまた引っ越すことが決まっています。あの子はすぐに迷子になる子でしたから、家族みんながわかるように集合場所を決めようと考えて、月に土地を購入したのです。

主人にこの話をすると、『ちゃんと先に集合場所にいてくれるんだね、ほんとによかった』と涙を流していました。

私も、これから月を見るたびにあの子がいると思えます」

この息子さんの鑑定の前に、もう一人、似たケースの別の鑑定をしていたのですが、そのとき降りてきた不思議なキーワードがありました。

同じく高校生の息子さんを亡くされた鑑定者に降りてきたのは、「月の女神アルテミス」「男の子」のキーワードでした。しかし、そのときは思い当たることがなく、その意味を理解することができませんでした。

でも、月で番人となった彼を霊視することができて、その答えを得たような気がします。二人の男の子は、月で出会ってお友達になったのではないだろうか――それを暗示していたのではないかと思うのです。

お子さんを亡くされたお母さんたちに共通する心配ごとは、「あの世でひとり寂しい思いをしてはいないか」なのですが、今回のお話が、お母さんの不安の軽減に繋がるきっかけになればと思います。

導きの煇《ひか》り

小さなお子さんを亡くされたご夫婦が、関東から鑑定にいらっしゃいました。

お子さんを亡くされた方の鑑定からわかるのは、お母さんが地球に生まれてくる前にいた魂の世界で、お子さんと約束事を交わしているケースが多いことです。お母さんが先に地球に生まれ、その後お子さんが生まれて来ると、あらかじめ決めているのです。

魂は、地球に来る前に「月」を経由して生まれてきます。そのため、人の生死は月に深く関わっています。月を経由する前にいる場所は、人によってそれぞれ違っていて、そこは「想念の集まる場所」でもあります。私の場合は金星界でした。だから私の守護神は、金星界の代表・不動明王様です。

この、実体を持たない、想念の集まる場所にいるころ、母と子はお互いが生まれる前にシナリオを描いて地球にやって来るのです。

大概の場合は、お子さんの方が魂レベルでは神格的に上で、地球で生きていく上での守護神や導き手だったりします。

先立ってしまった子供は、現実に相談者が抱える「悲しい、苦しい、ごめんなさい、なぜ?」といった感情のその先にある、次の段階への学びを照らす、導きの煇《ひか》りなのです。

煇りとは、「煇り（魂）の世界・今後の生きる道筋・未来の自分に放たれた一筋の煇り・落ちてきた流れ星（願いの象徴・希望）の煇り・一粒種の煇り・乾かない煇る涙」というように、たくさんの意味が込められています。

これこそ、お子さんを亡くされた方が抱える「なぜ？」の答えです。

苦しいけれど、あえて立ち向かわなければいけない。それを導いているのは、亡くなった子供です。見えない世界は、すぐそこに、身近にあります。いつか絶対にまた会えるのですから、その事実を自分への慰めとして、自分もまた「行き着く先の希望を照らす煇り」となり、「この先も生きていこう」という、強い信念と勇気に繋げてほしいと願っています。

スーパームーンが導いた父子の再会

散歩中に従姉妹にばったり会い、スーパームーンの日に起こった悲報を聞きました。疎遠になっていた私の従兄弟と、その息子Sちゃんについての話です。

Sちゃんは車が大好きで、ほとんどの車の名前が言える利発な子供でした。しかし、三歳ごろからてんかんの発作を繰り返し、脳にダメージをうけ、障害をもつことになってしまったのです。従兄弟はそんなSちゃんの日常生活全般を支え、かいがいしく世話をし、Sちゃんを深く愛し、大切にしていました。

しかし、従兄弟は膵臓がんを患い他界してしまいました。Sちゃんの行く末を最後まで案じ、無念の思いを抱えて亡くなったのです。Sちゃんを見かけるたびに、Sちゃんの後ろにはいつも従兄弟がいて、従兄弟は暗く悲しい顔をしていました。

Sちゃんは、父親である従兄弟が生きていたころは、愛情に包まれ幸せそうでした。ですが、父親が亡くなってからのSちゃんの置かれた状況はとても気の毒なものでした。

そのSちゃんが、スーパームーンの日に亡くなったというのです。

月は人の生死に関わっていますから、月が地球にもっとも近づくスーパームーンは、不思議なことが起こる可能性も高いでしょう。

悲報を伝える従姉妹の後ろには、Sちゃんと従兄弟の二人が、ピンク色に頬を染めニコニコと笑いながら寄り添っていました。Sちゃんの死因について、従姉妹は「それが不思議で……パンを喉に詰まらせて死んだのに、穏やかな顔で、寝ているような死に顔なのだわ……」と言います。

「そうだよね……私の母が死んだときは、すごい形相だったもの……」

私の母は老人施設で出されたチャーハンを喉に詰まらせて亡くなっていますから、Sちゃんに起こったことの不思議さがよくわかります。

もしかすると、Sちゃんの死は、従兄弟が次元の枠を飛び出し、現世に働きかけたのかもしれません。地球は確実に変わりつつあって、見えない世界や異次元の住人との交流が可能になっていますから、ありえないことではないと思っています。

父子を案じていた人たちは誰もが口を揃えて、「やっと再会して幸せになれたね」と言います。私も、悲しみよりも心が温かくなり、安堵を感じました。

第五章　虹の橋にいるペットたち

永遠を手にしたレオ君

娘のお友だちのMちゃんには、六歳のころ家を出て行ったお父さんと入れ代わるようにやってきたコーギー犬の「レオ君」がいました。レオ君とMちゃんは兄妹のように育ったのです。

レオ君もMちゃんの家のボスとして、母娘のお父さんのような存在を引き受け、守護犬の役割をしていました。ただの「人間と犬」ではなく、絆がとても強い、特別な関係です。

レオ君は、十五歳になって老衰で亡くなりました。悲しい連絡を受けたとき、レオ君の言葉が降りてきました。

レオ君は、「一年六か月前から死を覚悟していた」といいます。

もう少し意識を合わせてみると、レオ君はあるとき、「虹の橋（動物が死後に行く世界）」の神様から「死」というものを教わったのだそうです。そして「自分も死ぬ」ということを知りました。それが、レオ君が亡くなる日から一年六か月前のことです。

このときレオ君は、「嫌だ！　嫌だ！　Mちゃんと離れるの嫌だ！」と、虹の橋の「悟りの神様」にダダをこねました。すると神様が、「（肉体ある今より）死んだ方がずっと一緒にいられるよ」と諭したそうです。

レオ君は、「死んだらずっと一緒にいられる？　それならいい」と、このときから死についての真理を納得し、死を受け入れる覚悟をしたといいます。

Mちゃんに、「一年六か月前のレオ君に、何か変わった様子はなかった？」と聞いてみると、ちょうどそのころ、レオ君は、ひどい皮膚病にかかって毛が抜けていたのだそうです。なるほど、思い出してみると、私も、参詣した京都の松尾大社の御神水を「病気のレオ君の身体を拭いてあげてね」と、Mちゃんに渡したことがありました。

皮膚病は、「虹の橋の悟り神」から死について聞いたレオ君が、死の真理を受け入れるまで、しばらく、ショックとストレスで悩んでいたからでしょうか？

人間でたとえると「ストレス性の円形脱毛症」を発症していたのかもしれませんね。

レオ君の言葉から、動物にとっての死後の世界である虹の橋には、そこを統治している動物専門の神様がいらっしゃることがわかります。

年老いた動物には「悟りの神様」が降りてきて、いずれ迎える死への心の準備や死の真理を教え伝えてくれます。人間界で言うと、お寺で聴くお坊さんの法話や説法みたいなものでしょうか。

昔、私は「動物と人間は魂に格差があるので、同じ所には行けない」という話を教わりました。これは当たっているようでいて、すこし違っているのではないかと思います。正確には、三途の河を渡り切った後の道が二股に分かれていて、ペットに会いたければ虹の橋の方へ行けばよい、ということなのでしょう。なぜなら、私の母が死んですぐに、愛犬のキャンディが母を迎えに来て、冥土の道案内となって、一緒に行動していましたから。

レオ君の死は私にとってもショックでした。我が家の愛犬ミルクも高齢ですから、他人事とは思えません。光の世界で確かに再会できるとわかっていても、実体を求めてしまうのが哀しい人間の性《さが》ですね。

虹の橋

動物は、亡くなると「虹の橋」のふもとに行き、仲間たちと楽しく暮らしながら、やってくるご主人を待ちます。

ペットロス症候群の人を慰めている『虹の橋』という詩があります。作者不明の海外の詩です。

天国のほんの少し手前に「虹の橋」と呼ばれるところがあります。

この地上にいる、誰かと愛しあっていた動物たちは、死ぬと「虹の橋」へ行くのです。

そこには草地や丘があり、彼らはみんなで走り回って遊びます。たっぷりの食べ物と水、日の光に恵まれ、彼らは暖かく快適に過ごします。

病気だった子も年老いていた子も、みんな元気を取り戻し、傷ついていたり、不自由な体になっていた子も、元の体を取り戻すのです。

みんな幸せで満ち足りているけれど、一つだけ不満があります。

それは、自分にとっての特別な誰か、残してきてしまった誰かがここにいない寂しさでした。

動物たちは、みんな一緒に走り回って遊んでいます。でも、ある日そのなかの一匹が突然立ち止まり、遠くを見つめます。

その瞳はきらきら輝き、からだは喜びに震えはじめます。その子はみんなから離れ、緑の草の上を走りはじめます。

速く！　速く！　飛ぶように！　あなたを見つけたのです。

あなたとあなたの友は、再会の喜びに固く抱きあいます。

そしてもう二度と離れたりはしないのです。

幸福のキスがあなたの顔に降りそそぎ、あなたの両手は愛する動物を優しく愛撫します。

そしてあなたは、信頼にあふれる友の瞳をもう一度のぞき込むのです。あなたの人生から長いあいだ失われていたけれど、その心からは一日たりとも消えたことのなかった瞳を。

それからふたりは、一緒に「虹の橋」を渡っていくのです……。

この詩には二番もあります。愛されたことのない動物たちが、愛を知らなかった人と共に「虹の橋」を一緒に渡るという内容です。

虹の橋のそばには様子が異なるものもいます。疲れ果て、飢え、苦しみ、誰にも愛されなかった動物たちです。

他の動物たちが一匹また一匹と、それぞれの特別な誰かと一緒に橋を渡っていくのを悲しげに眺めています。

彼らには特別な誰かはいません。彼らの生涯で、そんな人間には巡りあえませんでした。

しかしある日、そんな動物たちが走ったり遊んだりしていると、橋への道のかたわらに誰かが立っているのに気づくのです。

その人は、虹の橋を渡るペットと飼い主をうらやましそうに眺めています。その人は、生きているあいだ、動物と暮らしたことがありませんでした。その人もまた、疲れ果て、飢え、苦しみ、誰にも愛されなかったのです。

ポツンと立っているその人に、愛されたことがない動物が、「この人はどうして一人ぼっちなのだろう」と、そっと近づいてきます。

彼らは、本当なら生きているときに出会うはずだった、でも生きているあいだには巡り会えなかった特別な一人と一匹でした。

「虹の橋」のたもとで彼らの魂は出会い、痛みや悲しみは消え、友はやっと一緒になります。そして共に「虹の橋」をわたり、二度と別れることはないのです。


私の体験にも、虹の橋と似た話があります。先ほど紹介した、私の母が亡くなったときの愛犬キャンディのことです。私は、母の死と、その少し前に亡くなったポメラニアンのキャンディから、魂の存在の確信を得ました。

ペットが、亡くなったご主人を迎えに来る、ということです。

魂と肉体では、それぞれ存在する場所（次元）が違うので、お互いの波長が合わず、ラジオの周波数が合わないように、生きている私たちには見えないだけで、私たちが魂となれば、その姿を見られるようになる、そういうことなのだと思います。

絆の強さは想念の強さです。想念は見えないエネルギー・波長であって、魂もまた、見えないエネルギー・波長です。

見えない世界の話は、どうしても「確信がないから希望が見えない」と思われがちです。でも、「絆＝想念」なのだから、「想念が届くことが、会えること」です。亡くなった存在と繋がるためにも、彼らとの絆を信じてください。

忠誠心の強い猫

Iさんが鑑定室に入られてすぐに感じたことは、Iさんのご主人のことでした。私がそう言葉をかけると、Iさんはすぐに涙で目をうるませました。

さて、ご主人の特徴はわかるのですが、ご主人とのあいだにある問題点や死の原因が、なぜかまったく出てきません。ご主人とこの方の苦しみにピントが合わないのです。

Iさんの腰のあたりには水子がしがみついていて、右頭頂部には「かわいい猫ちゃん」がいます。

ご主人は自死されていて、それより先にこの猫が老衰で亡くなったようなのです。ご主人はそのことを申し訳ないと思う気持ちが強いようでもあり、また、猫がIさんを強く守っているうえ、ご主人に対してとても怒っていて、ご主人の霊体を威嚇しているので、ご主人は奥さんの側に近づきたくても近づけないようでした。

猫は、「寂しがり屋のお母さん（Iさん）を一人にさせるなんて！」と怒っていますし、Iさんの腰にいる水子からIさんを守ろうと威嚇しています（この水子は、ご主人と前妻との子供でした）。

猫がIさんをガードしていたので、亡くなったご主人の霊と波長が合わせにくくなっていたのです。

このように、飼い猫の霊が、生きている人を守ろうとしているのを感じるのは、はじめての経験でした。猫の飼い主への思い、健気さがいじらしく、忠誠心の強いこの猫の今までの労をねぎらって、安らかな眠りにつかせてあげたいと思いました。

かわいい猫ちゃんに、死んでまでしんどい思いをさせてはいけませんからね。

私はIさんに、「あなたが元気にならなければ、いつまでたっても猫ちゃんが成仏できない。亡くなっても、こうしてあなたを守ってくれる猫ちゃんと、愛情を与えてくれているご主人のことを思って、けっして一人ぼっちになったのではないとわかってほしい。猫ちゃんが安心するような言葉をかけてあげてください」と伝えました。

霊の存在が感じられれば、目に見えるもの、すなわち私たちの肉体は着物と同じだとわかります。一時的に身につけているけれど、亡くなったらただ脱ぎ捨てるだけのものです。でも、魂はずっと側にいて繋がっています。

ご主人が私に「黄色いもの」を観せてくるので、Iさんに尋ねると、「寂しいから、黄色のぬいぐるみを買って、主人だと思って抱いている」といいます。

「ご主人が、自分の着ていたお気に入りのポロシャツのようなものがあるから、『それをぬいぐるみに着せて』とおっしゃっています」と最後に伝えました。

Iさんは、私のところに来る前に他の霊能者のところでも鑑定を受けて、「余計にへこんだ」とおっしゃっていました。霊能者との相性なんてものもあるのかもしれません。

Iさんは、「またこちらに来てもいいですか?」と笑顔で帰られました。

私にとっては嬉しい言葉ですが、私のところに来るということは、何か悩みがあるということですから、「はい、どうぞ」とはあまり言いたくない気持ちです。

いつも明るく強く、幸せに暮らして、私のところに二度は来ない、というほうがいいなあと思っています。

命の責任

全身にできた癌により余命いくばくもない知人の愛犬、その意識が飛んできて私を呼びました。死に目に遭うことになる……そんな予感がしたので、行きたくないと思いながら知人をたずねると、呼吸が荒く横たわったままの愛犬が私の顔を見るなり、「もうがんばらなくてもいい？」と訴えてきました。この子は本当に苦しかったのでしょう。

全身を侵す癌の痛みのなか、大好きな飼い主が「死んじゃいやだ！　がんばって！」と泣いているのです。飼い主のために、この子はひたすら痛みに耐えていたのです。

たまらず私は、不動明王様に「この子の命を助けてあげてください」とお願いしました。しかし不動明王様はたったひとこと「自然の摂理」とだけおっしゃいました。

そして、それから数時間後の明け方、この子は家族みんなに見守られ、虹の橋に向かいました。

我が家の愛犬ミルクも老犬です。若いときと比べると、かつてはしつこいくらいにボールを私の手元に持ってきたのに、以前のような根気がなく、遊ぶのにもすぐに飽きてしまいます。

脚の関節も弱くなってきているのか、最近、脚がつるようになってきました。ミルクとの別れがフッと頭によぎることもあります。不動明王様がおっしゃる、避けられない「自然の摂理」とはいえ、考えるだけで胸が痛みます。

だから、覚悟はできているけど、覚悟できない……これが私の正直な思いです。

でも、最後まで、しっかり見届けて受け入れなきゃいけない。

これが「命の責任を引き受ける」ということだと思います。遺される者の務めです。

残された者にとって、そこに当たり前のようにあった日常がその日からぽっかり空いてしまい、寂しさが押し寄せ、苦しみでいっぱいになるでしょう。

この「心の重責」からは、逃げることはできません。責任をしっかり受け止め、上を見ながら生きていくしかないのです。

苦しみから逃げず、真正面から受け入れる。泣きたいときは思いっきり泣くことです。「なんでいないのよ！」と天に叫んでもいい。苦しみを少しばかり和らげるために、私はその日が来たら、日常に変化をたくさん取り入れようと思っています。習い事を増やしたり、スポーツジムに通ったり、家にいる時間を減らして外へ出て忙しくしたり。仕事をたくさん入れて、いっぱい働くのもいいでしょう。旅行や、遠方の神社仏閣に参詣したり……。とにかく、真正面を向いて現実を生きることです。

自分の心の強さを信じ、勇気を持ちましょう。悲しみは乗り越えられます。

第六章　亡くなった人に会うために

二歳までの子供には霊感がある

二歳くらいまでの幼児は、たまに一カ所をジーっと見ていたり、誰もいないのに笑っていたり、見えない誰かと話しているということがあります。

生まれたとき、赤ちゃんは、頭頂部の「大泉門」が開いていて、これが完全に閉じるのは、二歳を過ぎるころだそうです。大泉門の位置は第七チャクラと言われるところで、魂の力や感性をあらわし、高次元との繋がりに関係しています。

大泉門が開いているあいだは、高次元の世界と繋がりが強く、見えない世界と対話ができるのです。レイキなどでいう、高次元と繋がるパイプです。

母親の胎内にいたときの記憶も残っていると言われていて、「ママはこんなことを言ってた」と、胎内で聞いたことを話す子もいます。
私の従姉妹の孫は、この力がかなり強く、異次元と繫がるアンテナ・感受性が強すぎるせいか、ひきつけをよく起こします。外出したときには、怖がって泣き、絶対に入りたがらない店があったりします。私がそのお店を確認に行くと、その子が指差した場所には……霊さんが立っていらっしゃいました。

「亡くなったご主人に会いたい」と思われている方に、二歳過ぎまでのお子さんがいらしたら、ぜひその子の力を借りてみてください。お子さんがじっと見ているところに、亡くなった方がいらっしゃいます。
そのときは、「心配してくれてありがとう。私たち、がんばっているよ」と、明るく声をかけるようにしましょう。

私はブログで、「亡くなった人に会いたい」と思い苦しんでいる方にむけて、同じような悩みを持つ方の鑑定体験談を発信しています。悩みを持つ方が、「元気に、前向きに生きていけるきっかけになれば」という気持ちでスタートしました。

しかし、インターネットで私の鑑定を知り、依頼される方のなかには、たんに占いを受けるような感覚の方もいます。「寝た子を起こす行為」も目立って、亡くなった方を死んでからも苦しめることが多く、当初の私の志とはかけ離れたものになってしまいました。

この世に未練があったり、自死したりといった、「死んで間もない方」は、自分が死んだことを受け入れ、悟りを得て心安らかな仏様になるための準備が必要です。この魂の修行を妨げるようなことをしてはいけません。

残された方は辛いでしょうが、悟りを得て、死んだことを受け入れ、真の仏様になれば、正しい言葉を、気づきとして与えてくれますから、それまでは我慢が必要です。

修行を終えた亡き人は、素直できれいな心であなたに話しかけてくれます。あなたがいちばん欲しい言葉、望んでいる言葉を語ってくれるでしょう。

後悔したり、責めたりといったマイナスの感情は一切ありません。「無の境地」

に至り、悟りを得て、穏やかな仏様になっているからです。私が聞き取る亡き人の言葉は、必ず、残された方の心を楽にしてくれるような言葉です。

「あの人が生きていたらこう言うだろう」という想像をしたりするでしょう。「故人のことをそんなふうに考えるのは、ちょっと自分に都合がいいかな?」と思うことはありませんか? でも、それでいいのです。そうやってあなたに都合よくしてくれることを、亡き人は望んでいます。

どんな事情があっても、残された方々が明るく前向きに生きて、天寿を全うしてほしい。マイナスな感情を生むような過去は振り返らず、新たな幸せを追求して、図太く生きてほしいと望んでいるのです。

仏様になられた亡き人は、果てしなく広い心と温かさで見守ってくれています。

プラスとマイナスの気

霊感ってよくいうけれど、実際はどんなふうに見えているのでしょう？

では、今すぐあなたの知っている誰かを思い浮かべてみてください。

いかがですか？　頭のなかに浮かびましたか？　私の霊感はそんな風に感じています。肉眼で見るような感覚ではなく、漠然としたイメージが入ってくるのです（なかには、はっきりと肉眼で見たものもありましたが……）。

では、霊の実態とはいったい何なのでしょう。

それは「エネルギー」なのだろうと思います。

携帯電話で会話をすると、その声が海外であろうとすぐに耳に届きますよね。あれと似たようなことじゃないかと思うのです。

生きている人が相手に念という気を送ると生霊になるし、思念という気が残ると霊として観える・感じるというわけです。「気」とは、つまりエネルギーです。「プラスの気」とは、手をつなぐことでの安心感、肩に触れ励ますことで元気になる、子供にほめるときに頭をなでる……といったことです。レイキの治療もこの類いですね。

「マイナスの気」とは、嫉妬、憎しみ、恨みなどの、ネガティブでダークな感情で、これが生霊になったりします。

人から送られるよい気は、たとえばファンからの応援などがそうで、「人気」と呼ばれます。気合い、気力、活力は、自分自身に送るよい「気」です。反対に、自分に送るマイナスの気は気負いやプレッシャーです。

よい「気」を自分に送れば、自己ヒーリングが可能です。ヒーリングもレイキも特別な技が必要なわけではありません。普段から深く長く深呼吸をゆっくり三回して、心を落ち着かせる瞑想をするだけでもエネルギーを吸収することができ、宇宙からのヒーリングのエネルギーを全身に注入できます。

霊能者は「気」を感じる力が人より強いだけです。「気」を受けるアンテナである「第六チャクラにある第六感」が人よりも強い。つまり、人より感受性が強いということで、悪く言えば、念が強くて性格的にしつこい人が多いようです。

ある霊能者が、この、他人より強いエネルギーをマイナスに使って、相談者を苦しめたこともありました。相談者であるKさんに取り憑いて、支配しようとしたエゴイスティックな霊能者がいたのです。自律神経失調症をわずらっていて心配症のKさんは、この霊能者をとても頼りにしていました。

しかし、Kさんの身体は悪くなる一方だし、誰かに邪魔されているように感じて、彼氏との恋愛もうまくいっていませんでした。

Kさんもまた感受性が強く、念を受け取る力が優れていました。これを「エンパス・エンパシー」というのですが、この女性霊能者は、人よりちょっと強い霊感を持つことで、神にでもなったかのように傲慢になり、Kさんの霊感力までも欲しくなって、Kさんを洗脳して、自分の教団で霊能者として使おうと企て、Kさんをしつこく勧誘したあげく、生霊となっていたのです。

Ｋさんはこの霊能者に「あなたは必ず私のもとに帰ってくるようにしている」とまで言われたそうです。

私がＫさんと対面したとき、ハッキリその霊能者の特徴が見えました。「頭はパーマがかかっていて、目がギョロっとしている。六十代で、小太りな人ですね」と言うと、霊能者の生霊は、自分の力を誇示するかのように、私を威嚇して挑んできたのです。

すぐに、私の守護神である不動明王様が、強いオーラで出てきて、「たかだか人間の分際で、神にでもなったつもりか！」と、激しくお怒りになりました。

すると、その霊能者は、まるでマンガのように、シュルシュルシュルと小さくなって、Ｋさんから遠くに離れてしまいました。

「形あるもの」と「目に見えないもの」

故人との波長合わせについて、もうすこし身近で具体的な例をあげてみます。

あなたのてのひらに、冷たい氷の塊を乗せたところを想像してください。てのひらの氷ははっきりと見えているし、持つこともできるし、氷の冷たさも感じることができます。でも、時間と共に氷は溶けていき、形は崩れ、やがてすっかり溶けてしまって、見えなくなりました。

数分前には、手に持っていたし、確かに見えていたし、感じていた、形ある氷の塊はどこにいったのでしょうか。

科学では、水の分子が結合し固まってできた氷が再びバラバラになって、空中に散らばった、という説明になります。むずかしい科学は私にはわからないですが、「万物には固有の波長・波動がある」のですから、空中に散らばった水の分子にも波長があるということになります。

肉体と肉体に宿る意識（魂や想念のこと）を氷に置き換えてみてください。形ある氷（肉体）は溶けて見えなくなったけれど、空中には氷の分子（魂や想念・意識）が存在しているのです。

その分子には固有の波長があって、その波長と同じ波長の意識なら、氷の分子をとらえる（観る・感じる・聞く）ことができるわけです。

肉体は亡くなっても、魂・想念という波長は存在しています。だから、その意識と波長合わせをすれば亡き人と会話できるということになります。糸電話もこれに近いですね。糸を通して震える波動をとらえるから、相手の声が聞きとれるのです。

氷は確かにあって、溶けて見えなくなっても、確かにそこに存在しています。

水の分子は見えていたときも見えなくなったときも、その本質は何も変わっていません。人の魂・想念も同じです。

波長を合わせていくために、故人はどんな波長を持つのか、生きていたときとは変わってしまった故人の波長を知らなければいけません。私たちは三次元の意識ですが、故人は四次元以上の意識体です。ここに波長を合わせようとすれば、自分も四次元の波長をまとう必要があります。そのためには、迷いを払拭し、クリアで「無」になる、高次元意識になることが大切です。

「目に見える形あるもの」と「目に見えない形のないもの」を、私たちは「有る・無し」だけでとらえがちです。でも、見えないからといって存在しないわけではありません。魂は見えなくてもそこにあります。

死後の世界

二〇一三年十一月に放送したテレビ番組で、脳神経外科医の、臨死体験に基づく死後の世界を特集していました。生還した外科医自身が、意識のない脳死時の脳のデータを元に、脳科学で徹底的に分析した結果、「死後の世界は存在する！」という答えを導きだしたという内容でした。

私はつねづね、死後の世界はあると折に触れてお伝えしています。日々の鑑定を通じて、説明がつかない不思議な体験をさまざまにしてきましたから、あらためて言われてもそれほどの驚きはなかったのですが、脳神経外科の権威ある先生が科学的に検証した結果ということで、見えない世界を信じない人たちにもわかりやすく、納得できる、衝撃的な番組だったのでしょう。

でも、事故や病気で臨死体験するのは、なるべく避けたいですね。

この脳外科医の先生のように、ずっと科学的な考え方で生きてきた人が、見えない世界の実在について語るというのは、まれな例ではありません。

アポロ宇宙船の乗組員、現代科学の集大成の花形である宇宙飛行士も、地球に戻ったときに、「宇宙空間で大いなる神を見た」と言って、その後の人生を神父として布教活動にささげたということもありました。

死後の世界は、五感で感じられない、実体のない、大宇宙空間の意識の集合場所です。大宇宙空間は虚空ともいいます。

今、ここに居ながらにして、意識だけを宇宙空間と繋げる方法を「アカシックレコード・リーディング」といいます。知っている方も多いと思います。密教では、空海が室戸岬での修行で得た「虚空蔵求聞持法」がこれにあたります。これを得るための厳しい修行の最中に、空海の体に明星が入り込んだといわれています。

宝玖です
亡くなられた大切な方と繋がるには
「波動」を合わせることが大切です
亡くなった人に会う方法
「波動」とは何か?
それは私たちが常に発しているエネルギーのことで
科学でも証明されています
私たちの身体を含めすべての物質は小さくしていくと
目に見えない小さな粒
「素粒子」の集合体です
ノーベル賞で話題になったニュートリノも素粒子です
この素粒子はそれぞれ独自の振動をしていて
この振動が発するエネルギーが「波動」です
こんな波動だったり
あんな波動だったり

この波動の振動数を
故人の魂のエネルギー
＝
故人の波動の振動数と
合わせると
同調させる
繋がることができるのです
わかりやすく
例えると
ラジオと同じ
ラジオを聴くとき
聞きたい番組の
周波数に合わせ
ますよね？
600Hzに設定
600Hzの番組
360Hzの番組
原理はこれと
同じです
さて、私たちが発する
「波動」は
ケーキ
おいしー
思考×感情によって
その振動数が変わります
仕事で失敗
へこむわー…
では故人の波動に
合わせるには
どうしたら
良いのでしょうか？

私たちが普段
発している波動は
A
不安
迷い
そんなこと
できるわけ
ない
こう
なったら
どうしよう
B
こうである等
凝り固まった
考え（自我）
あの人から
こう思われる
かも
C
人の目や
周りのことを
気にする
こういった思考や
感情のエネルギーが
多いです
しかし故人の
波動は
1
清浄
2
固定した
考えの私は
いない（無我）
3
何にも
捉われない
それぞれの
ズレを合わせる
ためには
A
1
静かで
落ち着く場所
B
2
考えない
信じる
C
3
外側を意識
しない
そして
この状態を
つくり出すために
「イメージ瞑想」を
します

まずは「場」を整えます
ガ
清浄な場所の方が良いのと
コレ片づけて
アレ片づけて
トン
トン
掃除をして身体を動かすことにより
少しでも心を別のことに向ける手助けにもなります
リラックスした状態と清浄な状態が良いのでお風呂に入った後
ホッ
寝る前に行うのがベストです
服装もパジャマなど楽な格好で
締め付けるものはつけないでください
よりリラックスするために自分が心地良いと思うものをとり入れてみてください
いい匂い
ラベンダーカモミールがおススメ
心が落ち着き自律神経を整えるアロマの香り
優しい穏やかな曲
● 故人との思い出の曲
● ヒーリング曲
● 川のせせらぎなど癒される曲
1／Fのゆらぎ効果のあるロウソク

部屋は暗めにして
姿勢は寝ていてもあぐらでも良いですが
背中は真っすぐな状態で
肩の力を抜きます
あぐらの場合
お尻の下にバスタオルや
２つ折りにした
クッションをかませると
姿勢が保てます
正座は緊張した状態になるためダメ
表情は弥勒菩薩のように目は半眼
口元は笑みを含んだ感じ
手の平は何かを受け取るイメージで
上に向けてください
うつむいていると気分も落ち込みますが
笑みをたたえた表情をするだけで
脳もその気になると実証されています

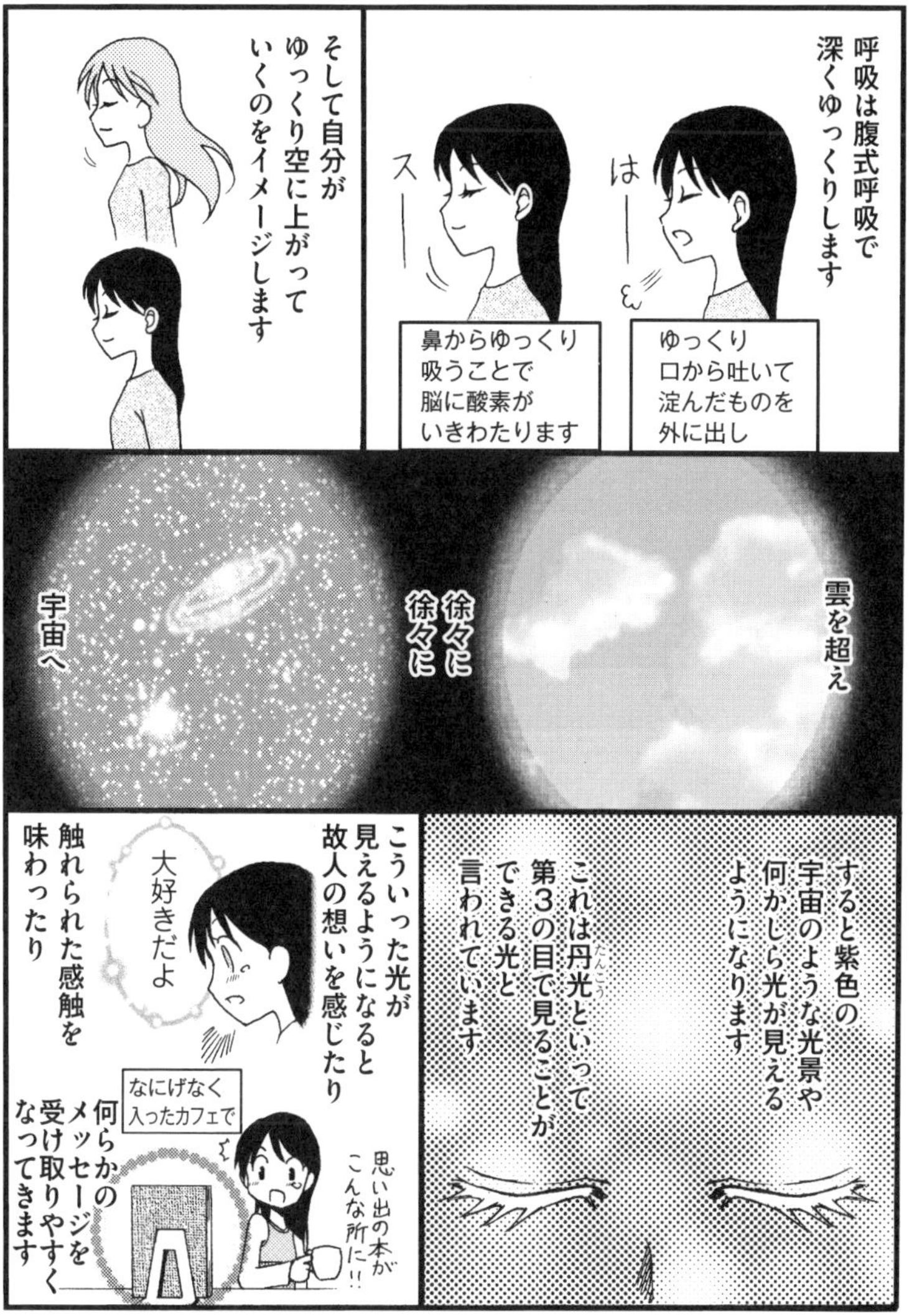
呼吸は腹式呼吸で深くゆっくりします
は――
ゆっくり口から吐いて淀んだものを外に出し
ス――
鼻からゆっくり吸うことで脳に酸素がいきわたります
そして自分がゆっくり空に上がっていくのをイメージします
雲を超え
徐々に徐々に
宇宙へ
すると紫色の宇宙のような光景や何かしら光が見えるようになります
これは丹光《たんこう》といって第3の目で見ることができる光と言われています
こういった光が見えるようになると故人の想いを感じたり
大好きだよ
触れられた感触を味わったり
なにげなく入ったカフェで
思い出の本がこんな所に!!
何らかのメッセージを受け取りやすくなってきます

最初は何も
感じないかも
しれませんが
焦らず毎日
続けてみて
ください
何も
見えないし
何も
感じない
なぁ…
ただし瞑想の時間は
15分で止めること
早く
早く
イライラ
モヤモヤ
変な霊と
繋がったら
どうしよう
また、恐れを考えると
恐れとつながるため
無心でやりましょう
呼んだ？
この瞑想をするに
あたって一番
遺族の方に難しい
のは
ご自身をなだめて
あげること
癒してあげること
最初にお話しした通り
繋がるには
ボクに
合わせて
故人の波動に
合わせることが
重要
あまりにも
悲しみの中に
いるときだと
ズレたままなので
どうしても
繋がりにくく
なります
何で
出て来て
くれないの？
ここに
いるよ
焦り
会いたい
会いたい
悲しい
辛い
後悔
もっと
こうして
いれば
やっぱり
いないん
じゃ…
信じられない

でもそれは当たり前の感情
逆に平気なフリや我慢なんてしないでください
余計にズレてしまいます
どうしようもなく悲しくて苦しくて辛い時期は
まずその感情を出して
味わいつくしてください
大切な方を亡くしたとき心に空いてしまった穴は埋まることはないでしょう
私自身もそうです
しかし少しずつ少しずつ
ほんのちょっとでいいから動き出してみます

自分が痛みを知ったからこそ人の幸せを望むようになり
何かやれることを積み重ねていくと
頑張ってるお店の商品を買う
落ちているゴミを拾う
ホッとしたり心が温かくなり自分を癒すことができます
それでも辛くなって涙する日もあるでしょう
うっ
ううっ
大丈夫 そんなときは泣いてください
そんな日々を繰り返すうちに徐々に前向きになり
絵本で何か伝えることが出来れば
目標を見出す方もいるでしょう
そのくらいになってきたとき瞑想をはじめると
なでなで
故人の何かを感じられるようになります
私の知り合いの場合3回忌が過ぎてから
メッセージを受け取れるようになりました
今では家族全員受け取っていますが
今お父さんおったよね～?
おったおったー!!
やはり全員が同時に受け取れるようになったわけではありません

いちばん最初は
お父さん今は肉体なくなって逆に自由になったんちゃう？
あんた冷めとるなあ
クールでちょっと達観しているお子さんが
今お父さんの気配感じた！
ええ!?
まず感じるようになったそうです
また、部屋での瞑想では繋がれなかった方が
なんとなくお寺の阿字観瞑想に参加したところ
2回目のとき故人の声が聞こえ繋がれるように…
ママ傍にいるよ
やはり穏やかな心と「場」が大切なことがわかります
故人が魂として存在していることがわかると——
悲しみを抱えながらも共に歩み
未来に進む力になると私は思います

第七章　未来へ歩む

法事は遺された人のために

夫を突然亡くした友人と、癌で夫を亡くした知人がいました。

彼女たちに共通していたのは、後を追って自死するのではないかと心配になるほど悲しみが深かったことです。私に会うたびに「夫に会いたい、会いたい」と泣いていました。

そんな二人でしたが、亡くなって二年たち、三回忌前になると、気持ちが落ち着き「亡くなったという現実」を受け入れる心境になったといいます。

仏教では、人が亡くなると、初七日から一週間ごとに僧侶がやってきてお経を唱えてくれます。それは、四十九日というお葬式以来の大きな法事まで続き、四十九日の次には、すぐに一周忌です。

お葬式から一周忌まで、故人への思い入れが強い遺族は、「亡くなった人が成仏できるように」と願い、「しっかり勤めてあげたい」という気持ちで、悲しみに耐えながら法事を執り行うことでしょう。

一周忌の一年後には三回忌で、これが済めば次は七回忌ですから、法事の間はしばらく空きます。こうした法事の一連の流れは、親しい人の死を受け入れる過程において、実に理にかなっているといえます。

法事をやらなければいけないという責任や、その準備に忙殺されると、意識が外に向けられます。バタバタと忙しくしていると、時間はあっという間に過ぎていきますね。自分の悲しみに飲み込まれないためにも、大切なことです。

また、僧侶は、一週間ごとに遺族を訪ねてくれるヒーラーの役割を果たします。遺族の心に寄り添い、心を軽くするための役割を担っているのです。

将来的に、私もこのヒーラーとしてのお役目を持つことになるのかもしれません。

でも、そのためには、頭を丸めて、高野山に四度加行の修行に入らなければいけないのです。はてさて、私の未来はどんな姿になるのやら……。

亡くなってからの親孝行

「あのとき、もっと親孝行してあげていたら……今なら親の気持ちがわかる。今なら大切にしてあげられるのに……」

亡き両親に思いをはせるとき、私の、封印している場所から湧きあがる、切なく苦しい感情です。同じ思いを抱く人も多いことでしょう。

ですが、この思いは今の霊視鑑定のお仕事をするようになってから変化してきています。

あの世とこの世を結ぶ架け橋、故人と遺された人を繋ぐ通訳士のお仕事をするようになってから、たくさんの感謝のお言葉を頂戴しました。

いただいた「ありがとう」の言葉は、「徳」というエネルギーになって、私や私の大切な人たちを幸せな方向に導く見えない力となっています。その力は、霊界や天界にまで及び、亡き両親と波長合わせをするたびに、降りてくる二人の姿は日に日にまぶしくなっていくのです。両親はもう、阿弥陀如来様の光背のように光り輝き、頬をバラ色に染めて、幸せそうにいつもニコニコ笑っています。

人からいただく徳のおかげで、私と私の家族が、充実した日々を過ごすことができています。私の両親の天界での霊格までが上がり、二人は光の世界で至福の喜びを得ています。

私はいわば、親が亡くなってから親孝行をしているというわけです。

だから、「ああすればよかった、こうしたらよかった」と悔やむよりも、これからあなたがどんな生き方をするのか、の方が何倍も重要なのです。

自分のためにだけ生きるのではなくて、できる範囲で、人のためになるように、「ありがとう」の徳をたくさんいただけるような人生を送りましょう。

そうすれば、天界の両親にも喜びと安心がもたらされます。

こうして、両親が亡くなった後もきっちりと親孝行ができているじゃないかと気づくと、懺悔の心が楽になりました。そして、ますます「世のため、人のために」精進しようと思ったのです。

亡き方への後悔がある方は、今からでも親孝行ができます。元気を出して、今日から一緒に徳集めをはじめましょう!

「ごめんね」よりも「ありがとう」

新聞の人生相談コーナーに、「急逝した妻とは毎日、たくさんの会話を楽しむ関係でした。そんな妻に先立たれ、息子たちにはよくしてもらっているのに、家のなかでポツンと一人。一言もしゃべらず過ごす日々。この先どう生きていけばいいのかわからず涙が枯れることがなく苦しい」と悩む、六〇代の男性の相談が掲載されていました。

対する回答は、「故人が嫌がるようなことは話さない。喜ぶことだけ話す。そのためには、自分が故人に喜ばれる言行を心掛けること。あなたは奥様の心を乱すような生活を送ってはいけない」というものでした。

私が相談者にお伝えしていることも、これと同じことです。

「ごめんね」よりも「ありがとう」ですね。

いずれあの世で再会したときのために、この世でのおみやげ話をたくさん持っていきましょう。仏の世界は品行方正で喜怒哀楽がなくて退屈だろうから！

こっちの世界でがんばるのは、あの世での話のネタづくりのため。新しい出会い、新たな生活で、楽しく過ごして、向こうの世界に渡ったときに、あの世の住人たちを笑わせてやりましょう。

だから、今話せる人がいなくなったと嘆かないでください。いまは、ファイルに保存して持っていくために、いろんなことをため込んでいる最中だから、まだまだ経験が必要です。時間を止めたままにしないでくださいね。

今を生きている意味は、あなた自身のためだけじゃなく、あなたの大切な人のためでもあるのです。

泣けないお父さん

「息子が自死した苦しみや悲しみに夫が向き合ってくれない」と、夫に対する不満や不信感いっぱいで鑑定にお見えになった方がいました。

私が、我が子を亡くしたご主人の苦しい胸の内と真の思いをどんなにお伝えしても、彼女は頑なに理解しようとしてくれません。

彼女は、仕事人間の夫への不満と寂しさを、息子との日々で埋めていたようです。その息子さんを亡くされて生きる希望を失い、渇いた砂漠のような心は苦しみの海に変わって、溺れて周囲を見ることができないでいたのだと思います。

誰もわかってくれない。同じ境遇の人なんていない。慰めの言葉では救われない。

ただただ、「なんで私の息子は死んだの？」と、激しい憤りと絶望が彼女の心を支配していました。彼女がその後どうなったのか、私にはわかりません。彼女の心が救われていることを祈るばかりです。

子供を亡くされ、絶望のなかでお互いを思いやれず離婚したご夫婦もいらっしゃいました。

日本の男性は、「責任を背負い、男らしく生きるために弱音は吐けない」と思いがちのようです。亡き人への思いも口に出せず、誰かに苦しみの心をさらけ出し泣き叫ぶこともできず、ましてや、私の鑑定を受けるなんて、思いもしないのではないでしょうか。

胸の内に苦しみを無理やり詰め込んだまま、黙って仕事に出て、我慢しているのです。感情を吐き出せないことがいかに苦しいか、わかってほしいと思います。

これは単なる一般論ではなく、亡きお子さんが等しくご両親に望むことでもあります。

「悲しみと苦しみでいっぱいいっぱいの弱い母が心配」

「父の内に隠された深い哀しみと苦しみを知っている」


支え合い、仲良く暮らす両親の姿にお子さんは安心するのです。

自死した子は、両親がお互いを責め合い、険悪になればなるほど、「自分が死んだせいで……」と、自責の念にかられます。自死にはさまざまな理由があると先に述べました。だからこそ、子供が自分の選択に苦しまないように、隣にいる人を真っ直ぐに見てください。

自分の苦しみだけにとらわれないで、天にいる人を思うとき、あなたの隣で黙って痛みに耐えている人がいることを忘れないでください。

亡き人の実体を求めず夢で会うために

親子、夫婦、友達、すべて「会うは別れのはじまり」です。

大切な人とお別れした方々の「死んだ人に会いたい」「亡くなった人の言葉が聞きたい」という相談を受けて、亡くなった方のお言葉をお伝えしても、「それでも会いたい、生きていてほしかった」とおっしゃる方がほとんどです。

わかっているけど、人は実体を求めてしまう生き物です。ぬくもりを、生きていたときのような会話を求めてしまいます。故人・仏様の声を感じる私でさえ、亡き父母に触れたいと思うのですから。

私を通じて間接的に亡くなった方の言葉を聞いても、寂しさや苦しみは解消されないかもしれません。亡くなった人と私たちは同じ次元にいないので、受信できない放送にチャンネルを合わせようとしているのと同じで、生きているように実体を見聞きするのはどうしても無理なのです。

W・W・ジェイコブスの短編ホラーに、『猿の手』という物語があります。亡くなった息子を生き返らせてほしいと、願いが叶う「猿の手」に母親が願かけをします。願いどおり息子は帰ってきて玄関をノックするのですが、胸騒ぎがした父親は、玄関をけっして開けさせませんでした。

墓場からよみがえってきた息子は、肉体が腐り、脳も腐っているおぞましいゾンビの姿だったというお話です。

この話は、亡き人の実体を求めると、いつまでも今の苦しみはなくならないという仏教の教え、「人の持つ愚かなほどの哀れさ」を伝えていると感じます。

とはいえ、次元を超えて、亡くなった人の映像にチャンネルを合わせる方法がまったくない、というわけでもありません。自分自身が次元の枠を飛び越える方法のひとつが夢の世界です。

具体的に、夢で会う方法を説明しましょう。

夢で会うためには、今のあなたの意識がどうなのか、が一番大事です。哀しみ・切望・孤独といった重い波動は体の細胞に緊張をあたえます。緊張は脳へのストレスとなりますから、夢見が悪くなるし、故人の持つ純粋な波動に繋がりません。緊張を脳（具体的には海馬のニューロン）に持ち込まないために、心身ともにリラックスした状態で眠りにつくことが大切です。

緊張をほぐすためにアロマを使った瞑想をして心を落ち着かせ、「今日こそ出てきてくれないとすねちゃうよ」と明るくジョークを飛ばし、夢での再会を期待しすぎず肩の力を抜きましょう。

次に、亡き人がいつも身に着けていたものを着用して寝ます。それにプラスして、枕の下に故人の写真を忍ばせてもいいですね。故人の身に着けていたものには、故人の波動が残っているので、故人の波長を引き寄せやすくなります。

夢の世界であの世と繋がると「あべこべ現象」が起こるようだと知人から教わりました。あべこべ現象というのは、たとえば、靴の上からくつ下を履いていたり、上の物が下にあって、下の物が上にあるといったようなことです。

故人が伝えてくれるメッセージやワードにも注意してください。「大好きな赤い車で海に行こう」と故人が伝えたいときには、「赤」「車」「海」と、断片的に言葉を降ろして来ることもありますから、その言葉の一つひとつからイメージを膨らませるようにするとよいでしょう。

あとは、脳をリラックスさせて、心満たされた日常を心がけることです。

思い出がいつまでも輝きながら、今の自分を満たしてくれていると感じられますか？　足りない、足りないと、不満ばかりではありませんか？

今の自分に満足して、明日に小さな夢をもちましょう。あのころより、今の自分の方が好きと言えますか？　小さなことでいいので、人が喜ぶことをしましょう。甥っ子や姪っ子に絵を描いてあげることだったり、がんばっている小さなパン屋さんで焼きたてのパンを買うことだっていいのです。

過去よりも今、やりたいことを探す。これが、過去を輝かせ、近づかせてくれる近道です。

あなた自身に誇りを持ってください。

悟りを得て天界の人となった故人の波長は、美しく純粋です。迷いの多い地球人のほうが純度を上げて、波長を高めなければ、故人との波長合わせは難しいのです。

亡くなった人に会う瞑想法

「亡くなった人に会う方法」を、ネットで売り出しているものを見かけることがあります。私もネット検索で「亡くなった人に会う方法」と入力してみました。

「亡くなった人と科学的な方法で再会する交霊マニュアル」

「誰でも確実におこなうことができるように、詳細に図解・写真入りで、数十ページにわたって解説した最強マニュアルです」

「販売価格４５８００円のところ↓期間限定価格２７８００円」

う〜ん、科学的な方法って、私にはどんなものなのか想像もつかない！

本当にできるのかもほとほと怪しいけれど……。

では、宝玖流の、「亡くなった人に会うための瞑想法」を説明しましょう。

これまで読んでくださったなら、わかっていただけると思いますが、亡くなった人にダークな波長を送っているかぎり、会いたいという願いは叶いません。

ダークな波長とは、懺悔・後悔・罪悪感・迷い・葛藤・エゴ・自己満足・自分を責める・楽になりたい・一人じゃ生きていけない・もう一度あの頃に戻りたい……などなど、どんな事情があったとしても、こうした思いはすべてダークな、荒い波長です。

あの世の存在、大宇宙・光の世界・高次元・神仏をイメージできなければ、故人に会うことはできません。いかに自分の波長をクリアにして、亡くなった人の純粋無垢な高次元の魂にチャンネルを合わせるかが重要になってきます。

チャンネルを合わせるために、亡くなった人の持つ波長と自分の波長が同じにならなければいけません。その波長合わせが霊視です。

仏様になられた故人と同じクリアな波長を持つ方法は「密教の三密の教え」が基本になります。

三密とは、見密・身密・語密のことで、「三密瑜伽法《さんみつゆがほう》」といいます。三密瑜伽法は、空間や距離に加えて時間まで超越し、過去のことも未来のこともたちまちあらわれるとされています。

しかし、三密瑜伽法は、正式な密教僧にならなければ伝授してもらえません。では、伝授されたすべての密教僧はこれを実践できるのかというと、ほとんどの僧侶ができないでしょう。

さて、解説を続けましょう。チャンネルを合わせるために、宇宙の三密（身意口）を実践するのですが、宇宙の三密・身意口とは、「身を浄め（身）」「心清らかに（意）」「口を慎む（口）」ことを意味しています。

「身を浄める」とは、瞑想前に入浴して、体を清潔にすること。瞑想する部屋は掃除をして、すっきり片付けましょう。

自分に内包されている大宇宙の光を信じ、自分と同じ、大宇宙の光の世界であるあの世と自分との繋がりを信じることからはじまります。

「意の心清らかに」とは、迷いや邪念をなくし、心を無にすること。思い込みや、これまでの考えや固執しているものを捨て、生まれたての赤ちゃんのように、純粋無垢でピュアな心になること。

このときいちばん大切なのは「イメージ」です。

私が開催するセミナーでは、実践として「イメージ瞑想」をおこなっています。

「口を慎む」とは、ダークなものを内面に生み出したり、ダークな波動を受けたり、まとったり、内外に向けてダークな波動を放つのをやめること。

自分の感情にとらわれないことです。泣いたりしないことも大切で、これは口を慎むの部類に入ります。

あとは意識を集中させて故人の波長を探すだけですが、このチャンネル合わせが、慣れるまでいちばん時間がかかり難しいところです。

瞼を閉じて、深呼吸して、心静かに瞑想します。瞑想しやすいように、清潔で静かな薄暗い場所でおこなうのがいいでしょう。

光の世界をイメージします。故人のいる光の世界の入り口に向かっているイメージで、故人に思いをはせます。故人のお家を訪ねていくようなイメージです。

さらに、大宇宙に向かって体から意識だけを抜くような幽体離脱のイメージや、体ごと宇宙に飛んでいって宇宙遊泳しているイメージで、深い瞑想に入ります。ゆっくり、落ち着いて……。

周囲のざわつきや音などを一切持ち込まない訓練が必要なので、慣れないうちは、何も聞こえないくらい静かな場所を選ぶといいかもしれません。

故人と話したいとか、そういった感情は邪念に繫がりますから、感情は一切なしの無我の気持ちで、ひたすら故人の波長を探して意識を集中し、宇宙空間に上げていきます。

無我にならなければ、ダークな波長と繫がってしまう恐れがありますから気をつけて。

頭のなかに、光り輝く故人が大宇宙の果てから、微笑みながらこちらに向かって来るイメージを持ちます。

「故人と会う・故人と話す」というのがどんな状態なのかは先にも少し述べました。今、あなたの知っている誰かを思い浮かべてみてください。

見えましたか？　これが意識のなかで会うということです。

次に、その見えた方とお話してみてください。あなたが問いかけると、その方は、何と応えてくれるでしょうか。

聞こえましたか？

その応え方は、普段のその人ならきっとこう言うだろうと、あなたの記憶のなかから引っ張り出したり、また、その人の性格を理解しているから、ある程度、想像してわかるということでしょうが、でも、「故人と話す感覚」がどんなものなのかはわかるはずです。

ふだん、私たちが人と直接会ったり、話したりする感覚とは違うということです。意識は過去から未来にわたって存在し続けるエネルギーですから、意識の波長を故人に合わせることで、私がまったく故人の情報を知らなくても観えるし、話も聞けるのです。

ですが、あなたが後悔の念を故人に送ったとしたらどうでしょうか。故人は悲しそうな顔や怒った顔を返してきます。これは、あなたの心が反映するからです。怒っているだろうなあ…なんてダークな気持ちでいると、こだまのようにダークな波長しか戻ってきません。

故人に比べて、生きている人は煩悩を持ち、悟りに至っていませんから、故人があなたを責めていると感じるのは、実は故人がそう思っているのではなく、あなたがそう感じているだけなのです。

ですから、私の鑑定では、相談者の動揺が激しく、心の安定期に入っていない、大切な人が亡くなって間もないころや、感受性の強すぎる方の鑑定は、何をお伝えしても、感情が重い方へ重い方へと鋭くなっていくばかりなので、鑑定をお断りしています。

邪念は、内なる邪悪なるものや低級霊を引き寄せ、場合によっては精神に支障をきたすこともあります。

「高次元と繋がりたい」という願いは、「中途半端なやり方や心根では危険」だとよく心得てください。瞑想には十分な注意が必要です。瞑想に要する時間はおおよそ十五分くらいにして、二十分以上はしないこと。心を落ち着かせ、冷静に、穏やかな心で、口元に笑みを浮かべながら瞑想することです。

弥勒菩薩や観世音菩薩の仏像を見ると、口元は穏やかな笑みを含み、目元はうっすらと開いていますね。そのような表情を意識しましょう。

また、瞑想後は、ミネラルウオーターなどで水分補給をしてください。

意識が高次元と繋がることを「パイプが開く」とも言います。閉じていたパイプが開くことの重大さを認識しないといけません。パイプが開くと、敏感になり直感が冴えて、五感が鋭くなり、ちょっとしたことにも反応してしまいます。

この反応がいい方へ向くなら問題ありませんが、悪い方向へ反応すると、何もそこにはないのに、何かの存在を感じて必要以上に怖がってしまったり、自分を追い詰めることになってしまいます。

ですから、私の開催するセミナー「亡くなった人に会いたい」では、明るい笑いのなかで、正しい瞑想ができるようにしています。

少し難しかったでしょうか。故人との交流は、本当は、難しいようで難しくありません。すべては自分の心持ち次第です。今を明るく前向きに生きることで、必ず夢に出てくるようになりますし、話ができるようになります。これは本当のことですよ。

難しいのは、苦しんでいる今の自分をなだめることです。

「なんとかして！」「故人に会えさえすればいいのに」という、心の動揺、心の叫びから離れるのはとても難しいです。でも、どうか自分の心の叫びから離れて、正しい瞑想で故人との交流を体験してほしいと思っています。

満月のエネルギーを借りて

月が地球にもっとも近づくスーパームーンや、ウエサク祭が近づくと、故人とのコンタクトを望む相談者に「般若心経の瞑想法」をお伝えしたくなります。

ウエサク祭りとは、お釈迦様の誕生、悟り、入滅が、すべてヴァイシャーカの月（インド暦でいう二月のこと）の、満月の日に起こったことからおこなわれるようになったお祭りです。日本の暦になおすと、だいたい四月から五月ごろにあてはまります。

ウエサク祭り前に出向いた彦根城で「琵琶湖八景、月明かり、彦根の古城」と彫られた石碑を目にし、「八景・ウエサク満月・瞑想・お釈迦様」に関連する「八の学び」がキーワードだとわかりました。

お釈迦様の生涯のなかで、もっとも重要な場面を「釈迦八相」といいますが、その八相のうちの「成道」を実践せよ、というのが、お釈迦様からの強いメッセージです。

ウエサク満月のときは、高次元の光との波長合わせやエネルギーのチューニングに最適なのですね。

何度もお話ししてきましたが、純粋な波長の故人とコンタクトを取るには、私たちから発せられる波長も、故人と同様のクリアで純粋なものにしなければなりません。

そのために、般若心経の教えを理解するというのも、一つの方法です。

喜怒哀楽の思いや善悪のあるなしも手放し、「空《くう》になる・空っぽにする・無心になる」という、般若心経の瞑想法です。

般若心経の「空」を自然におこなっているのが新生児です。私は、生まれてすぐの赤ん坊を、「0（無）意識の状態」と呼んでいます。

この「0」になることが大切です。故人と波長を合わせるのに、霊感のあるなしは関係ありません。

「無になる・とらわれない心」というのは般若心経の教えです。般若心経を唱えながら瞑想すれば、故人との波長合わせのよい訓練になるのではないかと思います。

高次元との波長を合わせるということは、私たちが故人に会いたいという願いを叶えるだけのものではありません。もしも故人が、高次元へ移動していなくて、低い次元でさまよっていたりした場合には、私たちが光の世界への案内人となって、光の世界へ誘導してあげることだってできるのです。

満月のエネルギーを借りて、般若心経の教えで訓練して、亡き人との波長合わせを成功させてくださいね。

第八章　あの世のご近所さんとのつきあい方

お仏壇から出てきたご先祖様たち

古いお仏壇を処分するときは、そのまま廃棄に出す人もいますが、たいていは、僧侶がお仏壇から御霊（魂）を抜いて処分します。

私は僧籍を持ってはいますが、まだ阿闍梨の資格は持っていないので、高野山真言宗では、仏事を執りおこなってはいけない決まりです。

ですが、たまたまお仏壇を処分する私の元夫の実家が、形式的なしきたり、宗派を気にしなかったのと、お仏壇にいるお魂は私の娘のご先祖様にもあたりましたから、お魂を私が抜かせていただくことにしました。

誰も祀る人がいないまま、身内のあいだでたらい回しになっていたお仏壇でしたから、ご先祖様の命日や、お盆、お彼岸などにも、僧侶がお経を唱えることはなかったのでしょう。

私がお経を唱えはじめると、お仏壇のなかからやわらかな後光が差しはじめ、小さな人型のような集団があらわれました。ご先祖様たちが出て来たのです。皆さん、気持ちよさそうです。まるで集団で温泉から出てきたみたいに頬が紅色に染まっています。それを観て、お経というものが、仏様になられた方たちにとって心地よいものなのだと、あらためてわかりました。

お経の内容や言わんとする表現にはいろいろありますが、だいたいは、心やすらかになり、みんなが幸せな境地に至る教えを説いています。それは、私たちが好きな音楽を聞いて気持ちよくなったりすることや、胎教にクラシック音楽がいいとか、クリスタルボールの音を聞いて癒されるといったことと同じなのです。

私のつたないお経でも、あらわれた仏様に喜んでいただけたようでホッとしました。

お墓参り

お盆に娘とお墓参りにいったときのこと、墓前で娘が、「おじいちゃんに、あんぱん持って来てあげたらよかったなあ……」とつぶやきました。

私の父は、亡くなる前のまだ元気なころ、あんぱんが好物で、一人で買いに行ってはよく食べていました。娘はまだ小さかったのに、それを覚えていたのですね。私でさえ忘れていました。

墓前で手を合わせると、亡くなった父の声が聞こえてきました。

「ワシも忘れてた……そういえば、食べていたなぁ……」

おもわず、「自分のことでしょ！」と、ツッコミを入れてしまいました。

人が亡くなって仏様になるということは、つまり、この世への未練や執着を断ち切って、悟りを開くことです。俗っぽいものすべてから切り離されて、涅槃成就、

「空」に到るのです。「般若心経」の教えの境地に到るのでしょう。

だからおじいちゃんは、いつまでも「あんぱんが食べたい」という思いを抱えることがなくなっていたわけです。

だから、実際にあんぱんを墓前に持っていかなくてもいいのです。このときのように、生きている者が亡くなった方のことをいつまでも気にかけて、覚えていることそのものが供養になっていますからね。

お盆やお彼岸は、亡くなった人に思いやりをかけるための大切な機会です。日常に追われ、ついつい忘れがちな大切なものに向き合うときです。

高次元から降りてきた「七色の宇宙龍」のお言葉をお伝えします。

「人の子よ、何故その目で見る？　内なる大宇宙に気づかぬか？　瞼閉《まぶた》じれば、そこは大宇宙ぞ。自《おの》が魂の声を聞くがよい」

お墓は時空を超える扉？

ご先祖様が供養を望んでいたり、お墓参りに来てほしいといった、何らかのメッセージがあるときは、足首や足の甲など、膝から下に違和感が生じることがあります。

昔の私は、霊の言葉を感じていたこともあって、お墓にこだわったりするよりも、亡きご先祖様に思いを馳せるとか、祈りの気持ちの方が重要だと思っていました。なので、忙しさにかまけてお墓参りをサボっていました。

すると、足首と足の甲の繋ぎ目に違和感が出はじめました。私は最初、その違和感を、ヒールの高い新しいアンクルブーツのせいだと思っていました。

私は娘にも「ママが死んでも、墓場のような辛気臭い場所に私はいないから、お墓参りは気にしないでいいからね」と伝えていました。般若心経の空の教え、形あるものにこだわる愚かさを伝えたかったからでもあります。

さて、私の足の違和感は継続したままで、それどころか、左の乳房のやや横の骨も激しく痛みはじめました。痛みのある骨を触るたびに、乳房まで違和感が走るのです。なぜ突然痛みだしたのか、原因がさっぱりわかりません。

わからないまま、愛犬と散歩していた最中に、「お墓参りしよう」とふいに思い立ちました。般若心経を唱えながら墓石を洗い、なんだかスッキリして帰宅しました。

すると、本当に不思議なのですが、ピタッと痛みがなくなったのです。

お墓参りをする直前まであんなに痛かったのに……。

私の亡き父は、神仏だけでなく、仏壇や、お墓をとても大事にしていましたから、私にも大切にしなさいと呼んだのでしょうか。

神社仏閣の参拝にばかり熱心にせずに、神仏と向き合うだけでなく、ご先祖様を忘れてはいけないという戒めだったのかもしれません。

お墓は、般若心経でいうところの、執着してはいけない形あるものだと思っていたのですけれど……。もしかすると、私たちが会いたいと思う人の家を訪ねていくように、お墓は、大宇宙、異次元に繋がる扉となるのかもしれません。光の世界にいらっしゃるご先祖様を訪ねるときに、私たちが気軽に使える扉です。

お墓には時空を越える秘密があるのかもしれませんね。

この謎の答えはまだ見つかりませんが、いずれ解き明かされていくのかもしれません。

ご先祖様の片思い

お正月に、娘の父方のお墓参りに行きました。

私の娘の祖母（私にとっては元姑です）はお花が好きでした。元姑が亡くなって間もないころ、お墓用の地味な花ばかり供えていたら、「もっと綺麗な花がいい」

という元姑の声が聞こえてきたことがあります。私は「そんなこと、あなたの娘や息子に言えばいいでしょう！」と言い返しました。霊なのにずいぶん厚かましいなあと、お墓の前であきれ返ったものです。

このころは、まだ元姑も死んだばかりで、魂が仏様に昇格していなかったので、「執着の念」が残っていたのですね。

私は、霊視鑑定の現場で、相談者の背後に出てくる守護霊となられた方々をたくさん観てきました。相談者のご先祖様たちです。普段からいつも背後にいるわけではなくても、悩み、苦しんで、生きる気力をなくした子供や孫を、なんとか元気にしてあげたいと思って、出てくるのです。

しかし、悩み苦しむ子孫を助けて、子孫の波動を調整してあげたいとご先祖様がどんなにがんばっても、相談者はそのことにさっぱり気づきません。相手の波動を調整するためには、波長に共鳴しないといけませんから、とくに高い波動の方から低い波動の方へおこなおうとすると、一方通行ではできないのです。

あなたが、生きていることを喜びと感じるとき、幸せを感じる魂が入った肉体は、どこからやって来たのか？　それを考えてほしいのです。ご先祖様がいたからこそ、あなたは今の肉体を得ることができたのです。

みんな、あなたが辛いときや悲しいときには、あなたの側に降りてきています。生きているときに、どんないさかいがあったとしても、どんな溝があったとしても、亡くなった後は悟りを得て仏様となりますから、きれいな魂となって、この世でがんばるあなたを見守ってくれます。そのありがたさに気づいてください。

「死んだ人がいまさら何をしてくれるの？」とか、「あの人にはずいぶん嫌な思いをさせられた」とか、「かわいそうなのは自分だ」といった被害者意識は、心の豊かさを奪い、その場に自分を縛りつけて、自ら地縛霊となるのと同じです。

亡くなった人は、もはや人ではなく仏様です。それを受け入れれば、あなたの負のオーラのブロックが外されて、仏様となられた方の波動調整がはじまります。

過去にこだわり、とらわれたままで、自分の方にしか意識がいかないでいるままでは負のブロックはずっと外れません。そのままでは、亡くなった方もまた、助けたい、応えたいのに、思いを伝えることができずに苦しんでしまうのです。
どうか、後ろにいる優しい波動を感じてください。

人を不安にさせる霊能者にご用心

よく似た相談を立て続けに受けました。どちらも、よく当たると評判の霊能者にみてもらったというのですが、そうした霊能者がきまって言うのだそうです。

「浮かばれていないご先祖様がいる」
「ずいぶん昔に亡くなった親友や元恋人が成仏していない」
「水子の供養が必要です」

なるほど。

ご先祖様なんて、先祖代々数えたら、どれだけいるのかわからないですね。どれだけ供養すれば足りるのやら？　そう思いませんか？

昔亡くなった親しい人は、いったい、何十年間、さまよっているんでしょうか？　そんなに伝えたいことがあって、そんなに念が強いなら、死んだ直後にとっくに伝えに来ていると思いますが……。

子供が親を恨むわけがないので、水子なんて論外もいいところですよ。母の心のなかに罪悪感があって、ごめんねと一度でも言ったなら、それがすべての供養になっているんだから。

しかも、これまでの鑑定経験では、水子の父親である男性からは、水子霊に対する不安の声を聞いたことがありません。このことからも、見えない世界を語る人の話を聞くときは、冷静な判断力が必要だと思います。

……さて、このようなことを霊能者から吹き込まれて相談に来る方々と対面すると、私はきまってイライラしてきて、口調がきつくなります。相談者に対して怒っているのではなく、相談者の後ろに観える霊能者に対して頭にきてしまうのです。人を不安にする霊能者には、正しい神仏がついていません。低級霊が憑いているのですから、霊感は確かに強いようです。こちらが何も言わないうちから、あれやこれやと言いあてて、心を支配してしまいます。

人を不安にさせる悪い「気」は、やっかいなことに人をひきつけます。あの有名な占い師も、悪い「運気」を前面に出したから有名になったのです。

見えない世界のことですから、不安は拭えないかもしれません。けれど、見えなくても自分の良心はわかるはずです。良心に従って生きていれば、見えない世界のことであっても、まず、間違うことはありません。

亡くなった方も、神仏も、キチンと生きている方を見守ってくれています。

怪しい霊能者に振り回されないように、霊感のあるなしに関わらず、自分の心を信じましょう。

人間っぽい仏様

亡くなった父は私を守るために、生きていたときと同じような人間っぽい仏様になったことがあります。

そのことを感じた二つの事件があります。

一つ目は「罰があたった夫の話」。

言葉には言霊が宿りますから、人を呪うような言葉、たとえば「罰があたる」とか、「因果応報」とか、そういう言葉はあまり使わない方がいいようです。もちろん、仏様となっている父もそれはわかっているはずですが、私が夫に愛情を向けているにもかかわらず、夫がその愛情を理解しないことで、とても苦しんでいた時期がありました。その最中に、突然、亡くなった父が出てきて、激しく怒りながら、「お前！　えらいめ（ひどいめ）にあわしたる！」と、夫に呪いのようなことを言ったのです。

すると、一か月もしないうちに、夫は激しい頭痛に襲われ、髄膜炎になってしまいました。検査の数値がお医者さんもびっくりするくらい、あり得ないほど異常で、有名な大学病院に精密検査を依頼するほどでした。

しかも、髄膜炎なら十日ほどで退院だと思っていたのに、結局、約二か月近くも入院する羽目になってしまったのです。


二つ目は、「霊同士のけんか」。

友人の亡くなった母親に「力になってほしい」と頼まれ、ずいぶん世話を焼いた友人がいたのですが、どうにも苦労が報われず苦しんでいたときにも、父が出てきました。

友人の後ろに出てきていた友人の母親、私に友人の世話を頼んだ当人を前にして、私の父が友人の母に「お前が余計なことを言うから、ワシの娘が苦しんでいるんや！」と、ものすごい剣幕で文句を言ったのです。

私はそのやり取りを観ながら、「わあー、すごい……霊同士もけんかをするんだ」と、妙に感心してしまいました。

こうしてみると笑い話のようですが、私は亡くなった父に本当に申し訳ないと思っています。こんなことを父にさせてはいけない、安らかな仏様になってもらわなくてはならないと強く思います。

私の友人もときどき、亡くなったご主人と本気でケンカをします。

この場合、友人はご主人の声が聞えませんから、友人と友人のご主人の会話を繋ぐのは私です。

二人のケンカの様子を観ていると、彼女にとって亡き夫は、生きていたころと変わらず日常に存在しているかのようです。

彼女は、「夫は透明人間になっただけ」と本気で思っているそうです。

亡くなった人たちは、いつも私たちのことを心配して、見守ろう、励まそうとしてくれています。何かあると、側に出てきて守ろうとしてくれるのです。どんなときにも、どこにいても、けっして一人ではありません。

そう考えると、利己的な考えで生きている人間を頼るよりも、亡くなった方を頼るほうが、「真の幸せへ導いてくれる」強い力になるのかもしれませんね。

だから、ご先祖様の供養ができていないとか、祟りだとかを心配せずに、折に触れて手を合わせて、「ありがとう」と、お礼を言うようにしてみてください。

手を合わせる行為は自分の内面に向き合うこととなり、謙虚な目を養うので、精神性の向上を阻むエゴの排除にもなります。

子供を導いてくれるお地蔵様

水子霊について、供養しないと怖いとか、霊障がどうとか、祟りがどうとかいう話をよく耳にしますが、水子はそんな悪いことはしません。出てくるときは、ただ親が恋しくて、迷いの暗闇で出口が見えず、すがっているだけです。

戒名は仏様の弟子になるためのあの世での名前ですが、水子は人としての形になる前に暗闇に行ったために、戒名はありません。加えて、幼すぎるために、行く方向の知識も持たずに迷っているのです。

偽りの看板を掲げた霊感占いは、なんでもすぐ水子の霊障のせいと言って、不安を煽ります。しかし、水子は人を呪ったり災いのもとになることはありません。

これまでの鑑定から二例をお話しします。


相談者Tさんのケースでは、五歳から六歳くらいの男の子が机にはりついて、好奇心いっぱいの目で私たちを見ては、落ち着きなくウロウロと鑑定室を歩き回っていました。

「あなたが堕胎したのは、今より五、六年前では?」「お相手の男性は、落ち着きがなくて、明るい人で、面白いパフォーマンスをして、友人の注目を集めては楽しんでいたような方ではありませんか?」と尋ねると、「ほんとうにその通りです」

と驚かれました。

水子は、ずっと赤ん坊の姿でいるわけではなく、生きているように年齢を重ねる子もいます。その成長した姿を観れば、だいたい何年前くらいに堕胎したのかがわかるというわけです。

Tさんは、その子をお寺で供養したと言います。

ですが、僧侶の私がこんなことを言うのも変ですが、この場合は、お金を使ってお寺で供養するだけではダメでした。水子が何を求めているかを知り、それを与えてあげなければいけません。

この子は父親と同じタイプで、自分を表現し目立ちたがっていました。面白いことをして喜んでもらいたい、称賛の拍手がほしいのです。

「あなたの家から西の方向に小さなお地蔵様があるから、そのお地蔵様に、この子をご先祖の元に連れて行ってほしいとお願いしてください。そして、この子に話しかけて、おじいちゃんたちや身内のみんなが、あなたのエンターテインメントを待っている、と教えてあげてください」とお伝えしました。

次は、四十代後半のSさん（女性）のケースです。

Sさんは人生の今後について悩んでいて、その悩みを私に相談に来たのですが、彼女の悩みの真の原因は、「あのときこうしていたら、という忘れられない過去がある」ことでした。

おそらく、今のお相手とは別に結婚したかった方がいたのでしょう。

それを聞いてみると、やはり、彼女は以前におつきあいしていた人と、周囲の反対があって結ばれることができず、そのとき子供ができていたのに、その子も、複雑な事情があって泣く泣く中絶したのだそうです。

あのとき、反対を押し切って彼と結婚していたらという後悔が、彼女の現状に対するむなしさに繋がっていました。

彼女の堕胎した子供が来ていました。

「ここに来ている子は、十六歳くらいで、目のクリッとした男の子ですね。繊細で優しい子、お父さんにそっくりで、今のあなたをとても心配しています」と伝えると、彼女は「この子のためにも前向きに生きる」と、迷いからの出口を見つけたのでした。

この子は不思議に「ま」のつく名前をほしがっていたので、そう言うと、彼女はボロボロと泣き出してしまいました。

当時、生まれてくる子供に、Sさんは「まこと」という名前をつけたいと思っていたのだそうです。この子はずっと、母親にその名前で呼ばれたくて待っていたのですね。

Sさんが迷いから抜け出したのを見て安心し、ずっとほしかった名前を手に入れたこの子は、ご先祖様の待つあの世に、お地蔵様の導きで旅立つことができたのです。

これらの例だけでも、それぞれの子たちにさまざまな事情があることがわかると思います。本当は、その子たちに合った供養をしてあげられればいいのですが、まずは、忘れないでいてあげること、愛しているよと思うだけでも十分です。

忘れないといっても、「ごめんね、ごめんね」と、ただただ後悔しては苦しみ、自分を責めつづけるのはいけません。強い後悔の念が迷いの道に水子を落としてしまいかねませんし、弱った心は自称霊能者の詐欺を引き寄せてしまいます。不安は悪い気を引き寄せます。これは、亡くなった方に対しても同じで、あなたがいつまでも嘆き悲しんでいると、かえって心配した故人がこの世に未練を持ってしまい、成仏できずに苦しんでしまいます。

親の愛情を肌で感じることができなかった子供、出口のわからない暗闇のなかでさまよう子供を救ってくださるのは、お地蔵様です。お地蔵様は、慈愛に満ちた愛と安らぎの光で子供たちを救ってくださいます。

家の近くのお地蔵様に、子供たちが光の世界に行けるようにお願いしてください。そして、子供には西の空を指差し、あっちでみんなが待っているよ、と祈ってあげましょう。

私は、すべての哀れな水子が救われますようにという祈りをこめて、日々のお勤めのときに「地蔵和讃」というお経を唱えています。

仏となってはじめて母親の心になる

普段、私はお祓いのたぐいは一切しないのですが、あるとき相談に来られたIさんに深い因縁を感じたことがありました。Iさんの左手にはリストカットの傷跡があって、母親も父親も自死しているといいます。

Iさんの鑑定をはじめると、白い着物姿の女性がスーッと通っていくのがわかりました。Iさんに尋ねてみると、彼女が小学生のころからずっと、どこに引っ越しても、この白い着物の女性があらわれるといいます。

急きょ、ご本尊の前で供養することにしました。この女性は救える、性質の悪い悪霊ではないと感じたからです。

この女性は、Iさんのご先祖にかなり酷いことをされたようで、左足のすねを木刀のようなもので殴られ、骨が砕けて歩けなくなった場面が観えました。

しかしこの女性は、おとなしく優しい気質の女性だったようで、虐待した先祖の男性になり変わり、Ｉさんに謝罪してほしいと伝えてきました。

このように、この世にとどまる霊はたいてい何かを訴えていて、その想いが伝わりさえすれば、すぐに成仏できるのです。「思念がこの世に残っている」のですから、それを聞いて、わかってあげて、魂の救済のためにお経を唱えてあげると、大宇宙という魂の故郷に帰っていくことができます。

Ｉさんのケースでは、亡くなった母親との関係も取り持つことになりました。生前のお母さんはヒステリックな女性で、男性との関係にかまけてばかりで、Ｉさんに対して母親らしいことは何一つしなかったのだそうです。

でも、出てきたお母さんはＩさんに、「これまで無責任でごめんね。これからはあなたをしっかりと守っていく。しばらくこの世にとどまっているからね。それと……私が偉そうなことを言うのもなんだけれど、男性に対してはキチンとしなさい」

と、はじめて母親の心となって、娘を気遣う言葉を送ってきました。

Ｉさんはまだ若いのにバツイチで、子供を抱えていて、相談に来たときは援助交際で生計を立てていたのです。このままだと子宮に重い病を抱えるという暗示もあって、私はＩさんに「不特定多数とのセックスはいけない」と伝えました。

Ｉさんも I さんの母親も、自分の存在を人からの反応で確かめてしまう人でした。人からどんなふうに見られているか、愛されているのかということばかりが気になってしまって、対人関係がうまくいかないと、自分自身を追いつめてしまい、あげくの果てにリストカットしたり、自分を傷つけてしまうのです。

自分を必要以上に卑下するのはやめて、自尊心を持たなくてはいけません。自尊心を持てば、人のことは気にならないし、愛情のないセックスをするようなこともなくなりますし、「一生懸命生きるということはどういうことか」にも、気づくことができるはずです。

鑑定の終わりに、Ｉさんは「諦めていた夢をもう一度試したい」と、未来への希望を言葉にしてくれました。

Ｉさんだけでなく、みなさんが自分の価値をきちんと見出し、自尊心をもって自分の可能性にチャレンジしてほしいと思います。自分を大切に生きていってほしいと願っています。

自分でできる除霊法

どこも悪くないはずなのに、なんだか肩が重い、すっきりしないと不安に思うときのために、自分でできる除霊方法をご紹介します。

どうしても不安なとき、お天気のいい日を選んで実行してみてください。

1・家中の窓を開ける。

2・水回り（トイレ、台所、浴室、洗面所）をきれいに掃除する。

3・家中の掃除をしてホコリをはらう。

4・寝具を干し、シーツ、枕カバー類を洗う。

（ここまでで家のなかのどよんだ気がすっきりします）

5・掃除後、シャワーで自分の汗を流す。

6・お墓参りに行く。

（お墓が遠方にあって行けないときは、お墓のある方向に手を合わせ、感謝の言葉を唱えましょう）

7・帰宅後、悪霊を祓うお経（九條錫杖経など）を唱える。

光明真言でも大丈夫です。「おん、あぼきゃ、べいろしゃのう、まかぼだら、まに、はんどま、じんばら、はらばりたや、うん」と、七回唱えてください。

ここまでしたのに、あと少し何かがとれないという場合には、
8・粗塩に少し蜂蜜を混ぜたもので全身を洗う。
特に不浄な肛門やデリケートな陰部は擦《こす》らずにそっと洗います。重い感じのするところや、首筋から肩にかけてこの塩でさすって、背中へ流して塩で浄め、体を浄

化します。

肌がデリケートな人や子供には、お湯に粗塩を溶かして「かけ湯」にしてもだいじょうぶです。

私が僧侶になる以前、霊の障りかなあと不安に思ったとき、これを一通り実行して最後の粗塩で体を清めたら、体の不調がピタッと止まって、嘘みたいに治りました。本当ですよ。

テレビなどに出てくる霊能者の除霊は、かなり大げさにしていると思います。ああやって、派手に怖ろしげな者として見せられると、かえって不安になってしまいますが、でも、思い出してみてください。鑑定現場で私が観てきた事実は、けっして、大げさな恐怖にみちたものではなかったですね。

神・仏・霊が教えてくれるスピリチュアルな話は、一生懸命、今を生きることにつなげていかなくてはいけません。

間違っても「水子が祟る」なんて身近な内容で、誰にでも当てはまるようなこじつけ話には乗らないようにしましょう。

おわりに

深い悲しみを知る人は、誰よりも優しくなれる人です。

鑑定を受けて悲しみを乗り越え、元気になられた方々から届くメールやお手紙に共通する言葉は「私も誰かのお役に立ちたい」というものです。

悲しみを知るゆえに、孤独な誰かの涙に共鳴して、悲しみを癒してあげたいと思うのでしょう。感謝と癒しの思いがこだまのように共鳴しています。その響きは渇いた大地を潤す水のように心を満たし、やがて喜びに変わって、喪失の痛みを癒してくれる助けになっていきます。


会えなくなっても、住む世界が変わっても、故人との繋がりがなくなるわけではありません。いまは、世界で自分がいちばん不幸だと感じているかもしれませんが、この本が気持ちを変えるきっかけになればと願っています。どうか、世界でいちばん幸せだと感じるときを迎えられますように。

私たちを見守るあの世の存在があるからこそ、充実した幸せな日々がやってくるのだと私は信じています。

大切な人がいつもあなたを見守っていることを、どうか忘れないでください。

宝玖のサインは「ホ」に白抜きの「｀ ′」を加えたものです。この白抜き部分に色を付けると「米」の字が完成するようになっています。「米」の文字は分解すると「八十八」となるのですが、八十八は「神様」のことです。昔からお米には神様が宿ると言われていますね。
神様の正体は「夢・希望・平和」で、「夢・希望・平和」のいきつく先が「幸せ」です。

「一切衆生悉有仏性」という言葉があります。人は神仏を内包し、幸せになるために生まれてきました。

みんなそれぞれが神仏であり、人生の主役です。

誰かをなくした辛さ、苦しさを抱えている方々が、喪失の悲しみで色をなくした人生の一ページ一ページに、彩りを描いていっていただきたいと思っています
今はまだ、色塗りに向かう気力のない方も、自身に内包する神性・仏性に気づいて、人生の主役として、少しずつでも夢や希望に思いをはせて、前向きに、幸せに向かって進んでほしいのです。

いつか心が穏やかになれたとき、白抜きの部分にあなたの色を描き、「米」を完成させて神となり、幸せになってほしい。そのときには、本書最後のページの「ホ」の文字が「幸せへのシンボル」に変わっていることでしょう。

未来へ歩き出しても、喪失感はそう簡単にはなくならないかもしれません。心が落ちてしまう日もあると思います。

そんな時は、本書の「ホ」の文字から、「希望」のイメージをほんの少しでも心に宿していただけたらと願っています。

宝玖（ほうきゅう）

大阪府出身。信仰心厚い両親の元で、幼少の頃より類稀なる霊能力に恵まれて育ち、2008年、占い業を自店にて展開するなか、占いサイトにおいてプロデビュー。

「みんなの電話占い」に在籍時、7年連続トップ占い師に。また、占いサイト「色チェキ」や「マナラ化粧品」の会員向けの占いの監修に携わる。

ヤナセ50周年記念イベント、読売文化センター主催のイベントに出店するや、たちまち行列のできる占い師として、他の占い師を圧倒する驚異的な霊視の力を見せる。

2009年、滝谷不動尊にて、不動明王様のお姿とお言葉を賜る奇跡を体現し、啓示を受け、今世の使命に目覚める。

2011年、不思議な引き寄せの仏縁により、高野山にて得度出家。高野山真言宗・別格本山宝亀院の前住職宮武峯雄大僧正の徒弟となる。

2012年、携帯サイト「（僧侶による）みんなの人生相談」を首席僧侶として担当する。

鑑定歴プロ・アマ通算25年、相談件数9,000件以上。各種占いやスピリチュアルセミナーの講師歴多数。

夢でもいいから亡くなった人に会いたい

2018年 6 月12日　初版第 1 刷発行
2022年 7 月 1 日　初版第 4 刷発行

著　者　宝玖
漫　画　湯浅みき
発行者　韮澤潤一郎
発行所　株式会社たま出版
〒160-0004　東京都新宿区四谷4－28－20
☎ 03-5369-3051（代表）
http://tamabook.com
振替　00130-5-94804
組　版　マーリンクレイン
印刷所　株式会社エーヴィスシステムズ

© Hokyu　2018　Printed in Japan
ISBN978-4-8127-0418-9　C0011